JN116138

英語のエッセンス

現代英語談話会　編

大阪教育図書

はしがき

1995年の秋、京都河原町四条の「ミュンヘン」に集まったのは、井口淳、菊池繁夫、山口美知代氏と小生の4名で、新しい研究会の発足について話し合った。会の名称は「現代英語談話会」(The Modern English Circle)、例会は3か月に1度、会員は現代英語に関心を持つ研究者、本拠地は京都と定めて、翌年の3月、京大楽友会館において第1回の例会を開いた。それ以来、現在にいたる23年の間、休むことなく例会が開催され、2020年には記念すべき第100回の例会を迎えることになる。研究会としての節目を目前にして、記念論文集の出版という機運が盛り上がり、ここに15編の論文を収めた論文集を上梓することになった。

発足以来の活動を振り返ってみよう。第1回例会は1996年3月30日、自己紹介をかねて、参加者が各自の関心を発表した。第2回例会は6月29日、以後3か月に一度の例会が開かれて、毎回3名が発表を行った。初代の世話役、菊池繁夫氏が編集した*Newsletter*第1号(1997年6月2日発行)によれば、翌1997年4月には臨時例会が開催され、Kent大学のChristina DanilewiczおよびAnthony B Bex氏をお迎えして、現代英語と英語教育のお話を伺った。*Newsletter*第3号(1998年7月1日発行)は、A4判で38ページ。例会報告、会員の活動報告、学会・研究会の関連情報、および9編の英語による小論文が掲載され、充実した紙面から当時の熱気が立ち上ってくる。国際学会での発表を含む会員の研究成果は、論文集*Studies in Modern English Language* (March 2001)において公にされた。

2000年代に入って会の運営が軌道に乗り、*Newsletter*に代わる論文集『現代英語談話会論集』を年1回出版することになった。創刊号は2005年3月1日に刊行され、すでに第13号が発行されて今日にいたっている。初代以降の世話役のお名前を掲げておく。菊池繁夫(1996-8)、井口淳(1999-2001)、松井信義(2002-4)、山口美知代(2005-7)、田淵博文(2008-10)、菊池繁夫(2011-2)、松井信義(2013-4)、山﨑のぞみ(2015-7)、魚住香子(2018-)の方々。長年のご苦労とご努力に心からお礼を申し上げる。

例会の進め方については、マンネリ化を防ぐ目的で、2000年代に入るころから、出席者全員が関心のあるトピックについて10分間で発表する方式に変わった。全員参加の新方式は予想以上に好評であった。提出されるさまざまなトピックに関しての知識が吸収できて、なによりも全員の参加意識と連帯感が高まるからではないか。発表時間の10分は、1つのトピックを論じる上で、短すぎることはなかろう。A4版1枚の資料を用いての発表は、むだをそぎ落として論点を明らかにする訓練にもなる。実際に発表者がどのようなテーマを選び､示された論点にいかに迫っていくか、ハンドアウトの構成や例文の選択はどうかなど、すべての発表をめぐる興味はつきることがない。

本会の目的は「英語の音韻、語彙、文法、文体などの実証的な研究。(特定の言語理論、方法論にとらわれることなく、英語を多角的な視野から分析し、研究の進化と活性化をめざす)」と定めてある。現代英語に関するものであれば、テーマも研究方法もすべて自由。特定の方法論をなぞって研究の後追いをするところに、オリジナリティーの生まれる余地はないからだ。こうした理念を秘めた談話会の例会は、会員にとって活力の確かな源泉でもある。

「研究の活性化」を目的として、随時、臨時例会を開いてきた。今なお忘れがたいのは、2009年8月、国立京都国際会館でLancaster大学の故Geffrey N. Leech教授を招いて企画した、われわれ会員のための‘Special Seminar on Language and Literature’である。超ご多忙中のLeech教授にご無理をお願いして、英語とテクスト分析について、テーブルを囲みインフォーマルに話し合ったのは、なんという貴重で贅沢な時間であったことか。賓客を囲んでのMEC特別セミナー、遥かに宝ヶ池を望むビュッフェでの歓談も、会員の胸に深く刻みこまれたことであろう。

志をおなじくする同好の友との語らいほど、楽しいものはない。間もなく100回を数える例会に毎回、遠隔の地から参加される会員もある。「継続は力なり」というが、文字通り頭の下がる思いであり、その「力」はすべての会員が共有する賜物でもある。本書の出版を契機として、これまでの伝統を保ちながら､さらなる研究の深化をめざす道を模索したいと思う。

2019年11月

豊田　昌倫

目　次

Ⅳ 文体

I

音　声

アメリカ映画と間大西洋アクセント
—1930～50年代を中心に

山口　美知代

1　はじめに[1]

「昔のアメリカ映画は英語が聞き取りやすい」と言われることがある。念頭におかれているのは20世紀半ばくらいまでの、『ローマの休日』(*Roman Holiday*, 1952) のような映画である。

聞き取りやすい理由として、台詞の発声が明瞭である、俗語の使用が少ないなどが考えられるが、「間大西洋アクセント」(transatlantic accent) の存在も大きい。イギリス標準英語の影響を強く受けたアメリカ英語のアクセント（訛り）である。演劇の舞台で使われる明瞭な発声法、発音の影響を強く受けており、今日のアメリカ映画の英語に比べると芝居がかかったフォーマルな響きがある (Kozloff, 24-25)。

間大西洋英語という概念は、この時期のアメリカ映画に限られたものではない。イギリス英語のなかにアメリカ英語に特徴的な発音が入っている場合や、アメリカ英語のなかにイギリス英語に特徴的な発音が入っている場合に、その部分が「間大西洋的」だと言われることもある。Transatlantic のほか mid-Atlantic という語も同義で用いられる。[2]　国際共通語としての英語を論じる際に、イギリス英語でもアメリカ英語でもない中間的な英語として言及されることもある。[3]

20世紀半ばまでのアメリカ映画で頻繁に用いられた間大西洋アクセントが英語の発音として興味深いのは、イギリス標準英語と結びついたこの発音が、俳優の発音トレーニングなどを通じてアメリカ映画に導入され、映画のなかで社会的権威や地位を表すアクセントとして用いられたという、固有の文化的社会的背景を持っているからである。アクセントなど特定の言語形式の指標性 (indexicality) がイデオロギー (ideology) と結び付けられる過程はレジスター化 (enregisterment) と呼ばれる (Queen, 236-7)。間大西洋アクセントのアメリカ映画における使用は、まさにレジスター化の一例であった。

つまり、20 世紀半ば — とりわけ 1930 年代から 50 年代まで — のアメリカ映画において間大西洋アクセントは、(1) 映画史的には、初期のトーキーの英語が演劇舞台の英語およびイギリス英語から影響を受けたこと、(2) 社会言語学的には、社会的権威を表すアクセントとして用いられたこと、(3) 映画の設定としては、非英語圏という舞台との親和性も高いことを表していた。この 3 点について本論では具体的な映画の例を挙げながら論じていく。

2 トーキーにふさわしい英語を探して

2.1 トーキーの登場と演劇の英語

トーキー（発声映画）の登場以来、ジャンルによる差はあるものの全体的な傾向として映画の英語は、演劇の舞台に影響を受けたフォーマルな英語から、より口語的で実際の発話を写したような英語へと変化していった (Kozloff, 24-25)。

1920 年台後半にトーキーが現れた。効果音や音楽が映像と同期した最初の映画『ドン・ファン』(*Don Juan*) が 1926 年に公開され、翌年映像の一部で台詞が同期した『ジャズ・シンガー』(*Jazz Singer*) が公開された。トーキーが登場したことで、映画にふさわしい声や発音とは何かも問われることとなった。

サイレントからトーキーへの移行期の声（台詞）の評価について Crafton (1997:447) は次の流れがあったと述べる。まず「本格的な演劇舞台」に由来する「理想的な声のスタンダード」をモデルとしたクオリティが評価された。次にそれに対する反動として、わざとらしい演劇の言語ではなく自然な言語、「ナチュラリズム」が評価された。そして最後に、両者を統合した、演劇舞台の明瞭な話し方と日常的な自然なアメリカ（イギリスではなく）の口語表現を兼ね備えた「ハイブリッド性」が評価されるようになった、というのである。

1920年代以降の演劇俳優のための発音指導については、Knight (2000) 他の Vera(2000) 所収の論考に詳しい。World English、Euphonetics、Good American Speech 等の名称のもと発音体系が提唱され指導された (Knight, 34)。いずれもイギリス標準英語的な発音の影響の強いアクセントをアメリカの舞台俳優のモデルにしたものである。

英語変種のオンラインデータベース IDEA を主宰する発音コーチのポール・マイヤーは、20世紀前半のアメリカ映画におけるイギリス標準英語の影響について次のように述べる。

(1) 私はイングランドの劇場で訓練を受けたので、容認発音を学んだ。容認発音こそ、1960年代には、プロの俳優、ブロードキャスター、そして「教育を受けた」「上品な」人と認められたいひとたちが使うべき発音だった。1930年代、40年代のアメリカ映画を見ればわかるが、アメリカ人の俳優の多くが、そのような話し方をした。容認発音はイギリスから世界中に向けて、威信のある英語方言として輸出されていた。アメリカ英語はまだそれ自体、世界的に認められる望ましい発音体系とは思われておらず、どこか劣った、魅力に乏しいものなどというように見なされていた。古い録音でニュース映画記者や上流社会構成員の英語を聞いてみれば、明らかにイギリス英語がモデルとなっていることがわかるだろう。(Meier, 175)

マイヤーは間大西洋アクセントという語は使っていないが、「明らかにイギリス英語がモデルになっている」英語がまさに間大西洋アクセントである。Transatlantic という語はのちに Hobbs (1986) が俳優の獲得すべきアクセントとして使っているが、20世紀前半の俳優トレーニングの目標で使われていたわけではない。「間大西洋アクセント」はむしろ新聞記事などで演劇や映画に言及する際に使われていた。

2.2 トーキー登場時の混乱を描いた『雨に唄えば』

サイレントからトーキーへの移行期を描いたミュージカル映画『雨に唄

えば』（*Singin' in the Rain*, 1952）では、トーキー収録にあたってイギリス英語の発音が推奨された様子が描かれている。

トーキーの収録場面として描かれる箇所に、"Nothing can tear us apart. Our love will last till the stars turn cold." という台詞がある。ここで apart、stars の r をしっかり発音する (1:29:28) サイレントのスター女優リナ（ジーン・ヘイゲン）は、声や発音が魅力的でないのでトーキーには適さないとみなされる。一方、リナの台詞を吹き替える若い女優の卵キャシー（デビー・レイノルズ）は apart の r を発音せず、stars の r も弱い（1:29:38)。また last をリナはアメリカ英語の狭い [æ] で発音しているが、キャシーはイギリス英語の広い長母音 [ɑː] を使っている。

『雨に唄えば』では、映画出演者たちが発音指導を受ける場面も描かれる。ここで講師がイギリス英語をモデルとしていることは "I can't stand him." の例で示される。リナはアメリカ英語的な [æ] を用いており (0:47:03)、講師はイギリス英語的な [ɑː] に訂正する。一方、サイレントからトーキーへの移行を順調に果たすドン（ジーン・ケリー）は can't を [ɑː] と発音して講師に褒められる（0:47:24)。

2.3 ブロードウェイの演劇界を描いた『イヴの総て』

『イヴの総て』(*All about Eve*, 1950) は舞台女優を目指す野心家のイヴ・ハリントン(アン・バクスター)がファンだと言ってスター女優マーゴ・チャニング（ベティ・デイヴィス）に近づき、狡猾にふるまいながら女優として台頭していく映画である。この映画ではイヴや、映画冒頭にナレーションが入る演劇評論家（ジョージ・サンダース)、ブロードウェイの大物俳優（ウォルター・ハムデン）が間大西洋アクセントを使っている。母音のあとの r が発音されず、母音に挟まれた /t/ が無声破裂音としてはっきり発音され、not の母音は [ɒ] である。演劇評論家の台詞 "My native habitat is the theater. In it I toil not. Neither do I spin." (0:02:45) で neither の最初の母音はイギリス英語的に [aɪ] と発音される。

イヴは女優として舞台に立つ以前から常に間大西洋アクセントを使っている。マーゴは初対面のときからそんなイヴの話し方に着目し、恋人に向かってイヴの発音をからかうように真似てみせる。“Did she tell you about the theater and what it meant?” (0:25:30)　という台詞の theater の部分がイヴの発音を真似ている箇所で、語尾の弱母音を短くして r を発音しない発音はイギリス英語的である。マーゴはそれに続く台詞では母音のあとの r を発音する自分自身の話し方に戻っている。

マーゴはアクセントに敏感なベテラン女優として描かれており、他にも “We was more starved out, you might say. . . ” (0:10:34）という台詞を下線部の母音を長く伸ばしながら楽屋で披露する場面がある。アメリカ南部出身の記者からインタビューを受けたところだといい、その発音を誇張して真似ているのである。マーゴがイヴの発音を真似る様子は、田舎から出てきたばかりの演劇ファンという風情のイヴが、芝居がかった間大西洋アクセントで話すことをからかっているようにも思われる。

3 社会的権威を表す間大西洋アクセント

3.1　キューカーの回想

1930 年代から 50 年代までのアメリカ映画では間大西洋アクセントは社会的地位や権威を表すアクセントとしても用いられた。

ブロードウェイの舞台監督からハリウッドの映画監督に転身したジョージ・キューカーは 1970 年のインタビューのなかで『椿姫』(*Camille*, 1936) 製作時を振り返って次のように語っている。

(2)　現代では時代物映画を作るのは不可能に近い。適切な話しぶりを知っている俳優が少ないからだ。社会的地位のあるアメリカ人を演じさせようとすればイギリス人俳優を見つけてこなければならず、それはとても悲しい状況だといえる。かつてのアメリカ映画にはある種の標準的な話し方と呼べるものがあった。特定の土地のアクセントを帯びない標準的な話し方だ…。(ランバート , 192)

キューカーがここで、かつてのアメリカ映画にあった「ある種の標準的な話し方」「特定の土地のアクセントを帯びない標準的な話し方」と呼んでいるものは、間大西洋アクセントを用いた話し方のことであろう。

3.2『ローマの休日』の「ニュース速報」

『ローマの休日』(*Roman Holiday*, 1952) の冒頭で流れるパラマウントニュースのニュース速報は間大西洋アクセントの一例である。アメリカ英語のなかに随所にイギリス英語的な発音が混じっている。

(3) Paramount (1)News brings you a special coverage of Princess Ann's visit to London. The first (2)stop on her much publicized goodwill tour of European capitals. She gets a royal welcome from the British, as thousands (3)cheer the gracious young (4)member of one of Europe's oldest ruling families. After three days of continuous activity and a visit to (5)Buckingham Palace, Ann flew to Amsterdam, where Her Royal Highness dedicated the new international aid building and christened an ocean (6)liner. (0:01:40)

アメリカ英語的なのは、下線部(1)のNewsが[nu:z]であるところ、下線部(5)のBuckinghamのhが発音されているところ、下線部(6)のlinerの語末のrが発音されているところである。一方イギリス英語的なのは、母音のあとのrがlinerを除いてはほとんど発音されていないところでの下線部(3) cheer、(4)memberなどでは特に顕著である。下線部(2)のstopの母音はイギリス英語的な[ɒ]でありアメリカ英語的な[ɑ]ではない。

アン王女（オードリー・ヘップバーン）や王女に仕える伯爵夫人、侍従などはイギリス標準英語を話す。一方、アメリカの新聞社の特派員ジョー（グレゴリー・ペック）は早口の鼻音の響くアメリカ英語を話す。ニュース速報の英語は、そのどちらとも異なる。

このニュース速報は、当時の実際のニュースを真似ていたものである。そしてニュースという社会的影響力のある媒体で間大西洋アクセントが用いられていたのは、イギリス標準英語（容認発音）が持っていた権威を反映してのことであった。

3.3 『西部戦線異状なし』と古典教師のイギリス英語

『西部戦線異状なし』(*All Quiet on the Western Front*, 1930) ではイギリス標準英語や間大西洋アクセントが極めて効果的に用いられている。

第一次世界大戦に出陣したドイツの青年兵士を描いたこの映画では主人公ポール（リュー・エイヤース）や彼と共に志願して戦地に赴く級友たちは、アメリカ英語のアクセントで話す。一方で、ギムナジウムの古典教師カントレック（アーノルド・ルーシー）はイギリス標準英語のアクセントで "You are the life of the fatherland, you boys. You are the iron men of Germany."(0:04:37) と愛国精神を説き祖国のために戦うように熱弁を振るう。演じる俳優はイギリス人である。

映画の後半で休暇を得て帰郷するポールを迎えたのは、戦い続けるように若者に説く父やその知人の大人たちであった。"But we know how to honor the soldier who goes on in spite of blood and death. Gentlemen, my son."(1:50:38) と息子を知人たちに紹介するポールの父や、それに答える知人男性たちの愛国的、好戦的な台詞は間大西洋アクセントである。これに対して反論を試みるポールの "When you get in it, the war isn't the way it looks back here."（1:52:05）はアメリカ英語のアクセント（get in の t が有声音で、war の r を発音するなど）で話される。

このように教師や父親、その知人の大人達がイギリス英語のアクセントまたは間大西洋アクセントで話し、若者たちはアメリカ英語で話す。これは単に長幼や師弟関係といった社会的上下、権威・権力の有無に対応しているだけではない。この映画を見る観客は主人公たち若者に感情移入し、彼らを戦場に送りこむ教師や大人たちを批判的な目で見るであろう。教師たちはいわば敵役であり、そこにイギリス英語、または間大西洋アクセントが使われているのである。アメリカ映画においてイギリス標準英語が悪役の英語として使われることは今日珍しくないが (Lindsey, 3)、ハリウッド映画を遡ると最初期のトーキーで既にその例がみられることになる。

4. 非英語圏という設定を示す間大西洋アクセント

英語圏以外を舞台にした映画が英語で製作されるときに、間大西洋アクセントが使用されることも多い。前節でとりあげた『西部戦線異状なし』の登場人物はドイツ人であるが、アメリカ英語、イギリス英語、または間大西洋アクセントを使用している。Crafton (1997:463) は、彼らの英語にドイツ語訛りがなかったことに対する観客の批判はほとんどなかったと述べている。

『グランド・ホテル』(*Grand Hotel*, 1932) もドイツ、ベルリンが舞台である。登場人物のほとんどはドイツ人という設定であるが、多くは間大西洋アクセントで話しており、イギリス英語的な発音が随所で使われた。

余命が短いことを告げられグランド・ホテルでの時間を楽しもうとする老人クリンゲライン（ライオネル・バリモア）の台詞 “You think you have free license to be insulting? Believe me, you have not.” (1:10:27) は、not の母音が [ɒ] である。ここは文法的にも have の否定が “you don't.” ではなく “you have not.” とイギリス英語的になっている。速記秘書フレムヒェン（ジョーン・クロフォード）は suit を [sju:t] と発音しており、自称男爵のガイゲルン（ジョン・バリモア）は neither の第 1 音節の母音に [i:] ではなく [aɪ] を使っている。either や neither で [aɪ] を用いることはアメリカ英語でもあるが、この音はイギリス英語の指標として認識されることが多く、この映画の中でも用いられている。

クリンゲラインを侮辱しフレムヒェンを口説こうとするビジネスマンのプライシング（ウォレス・ビアリー）はこの映画における悪役である。彼を「ドイツ語訛りの英語を話す唯一の登場人物」と設定したのはプロデューサーだった (Shatz, 110)。実際にはプライシングの英語は典型的なドイツ語訛りの英語とも異なり、むしろイタリア語訛り的である。いずれにしても、他の人物が間大西洋アクセントで話しているのに対して、悪役プライシングだけが外国語訛りの英語を話していることは、トーキーの初期から英語の訛りが登場人物のキャラクター付けに利用されていることを示している。[4]

5. 間大西洋アクセント使用の減少と存続

間大西洋アクセントのアメリカ映画での使用は、1960年代に急速に減少した。原因は複合的である。ハリウッドのスタジオシステムの凋落と共に、スタジオの俳優、監督、脚本家に対する支配が緩和されたからだという指摘がある（Queen, 241）。その結果1960年代、70年代にはより口語的でインフォーマルかつリアルな台詞の映画が好まれるようになった。これは録音技術が進歩し、複数話者の台詞が重複して録音再生できるようになったこととも関連する。さらに30年代から施行されていた自主規制のためのプロダクション・コード（製作倫理規定）が次第に形骸化し、68年に完全に廃止されたことも、映画の台詞に大きな影響を与えた（Kozloff, 22-3）。

口語的でインフォーマルかつリアルな英語の聞き取りは、非母語話者にとって難易度が高い。本稿冒頭で述べた「昔のアメリカ映画は英語が聞き取りやすい」は裏を返せば、より新しい映画の口語的な英語は聞き取りにくいということである。映画の台詞は時代と共にさらに変化し、90年代以後は、世界の様々な英語のアクセントをより現実に近い形で使用することも意識されるようにもなってきた（山口 2013, 85）。

しかしながら21世紀になっても、アメリカ映画における間大西洋アクセントの使用が皆無になったわけではない。非英語圏が舞台の映画やSF映画、そして20世紀前半を舞台にした映画での使用は今日も見られる（Queen, 214-2）。間大西洋アクセントは既にレジスター化しており、これまでそれが使用された映画やその背景への連想を誘いながら、新たな映画で使用されているのである。

註

1 本稿は科研費研究課題「アメリカ英語の普及と英語の多様性の認識に20世紀映像メディアが与えた影響」（研究課題番号 19K00688 研究代表者山口美知代）の研究成果の一環である。

2 Transatlantic と mid-Atlantic の使用について、例えばイギリスの俳優ベン・クリスタルは自分の英語について興行でアメリカを回ることも多くアメリカの友人も多いので「間大西洋的」（transatlantic）な /t/ の音を使うようになったとインタビューで語っている。“Ben Crystal & David Crystal - Sunday Brunch - You Say Potato” https://www.youtube.com/watch?v=RA5EmN3sORI (01:18)。

一方、Crystal & Crystal (2014: No.2469) では英国歌手が「間大西洋」(mid-Atlantic) 的な発音を用いる事例を論じている 。

3 Svartvik & Leech (2016^2:249) の指摘。一方で Modiano (2017) は Brexit 以降の EU では Euro English が Outer Circle の英語、L2 の英語として確立されると論じている。

4 この映画でスウェーデン出身のグレタ・ガルボはロシア人バレリーナを演じており、英語非母語話者訛りを生かしている。ガルボを初めとするヨーロッパ出身のサイレント時代の映画スターの英語のアクセントがトーキー登場時に話題になり矯正の様子が伝えられたことや、逆に訛りは資産であり魅力であると製作側が宣伝したことなどを、山口（2017）で論じた。

引用文献

Crafton, D. (1997) *The Talkies: American Cinema's Transition to Sound 1926-1931*. Berkeley University of California Press.

Crystal, B. & Crystal, D. (2014) *You Say Potato: The Story of English Accents*. Macmillan. (kindle 版)

Hobbs, R. L. (1986) *Teach Yourself Transatlantic: Theatre Speech for Actors*. California City: Mayfield Publishing Company.

Knight, D. (2000) Standard Speech: The Ongoing Debate. In Vera (2000), 31-54.

Kozloff, S. (2000) *Overhearing Film Dialogue*. Berkeley: University of California Press.

Lambert, G. (2000) *On Cukor*. New York: Rizolli International Publications.（『ジョージ・キューカー、映画を語る』ギャビン・ランバート著、宮本高晴訳、東京、国書刊行会、2016 年）

Lindsey, G. (2019) *English after RP: Standard British Pronunciation Today*. London: Palgrave Macmillan.

Meier, P. (2010) *Accents & Dialects for Stage & Screen*. Jacksonville: Paul Meier Dialect Services.

Modiano, M. (2017) English in a Post-Brexit European Union. *World Englishes*. https://doi.org/10.1111/weng.12264

Queen, R. (2015) *Vox Popular: The Surprising Life of Language in the Media*. Chichester: Wiley Blackwell.

Schatz, T. (2015) *The Genius of the System: Hollywood Filmmaking in the Studio Era*. Minneapolis: University of Minnesota Press.

Svartvik, J. & Leech, G. (2016[2]) *English—One Tongue, Many Voices*. London: Palgrave Macmillan.

Vera, R. D. (ed.) (2000) *Standard Speech and Other Contemporary Issues in Professional Voice and Speech Training*. Cincinnati: Voice and Speech Trainers Association.

山口美知代編（2013）『世界の英語を映画で学ぶ』東京、松柏社。

山口美知代　(2017)「トーキーの登場と外国訛りの英語」『京都府立大学学術報告 人文』第 69 号。

映画 (DVD)

All about Eve. Dir. Joseph L. Mankiewicz. 20th Century Fox. 1950. (『イヴのすべて』コスミック出版)

All Quiet on the Western Front. Dir. Lewis Milestone. Universal Pictures. 1930. (『西部戦線異状なし』コスミック出版)

Grand Hotel. Dir. Edmund Goulding. MGM. 1932. (『グランド・ホテル』コスミック出版)

Roman Holiday. Dir. William Wyler. Paramount. 1953. (『ローマの休日』コスミック出版)

Singin' in the Rain. Dir. Gene Kelly and Stanley Donen, MGM. 1952. (『雨に唄えば』ワーナー・ホーム・ビデオ)

語の揺れ動く強勢位置

山本　晃司

はじめに

言葉遣いに気をつけなければならない職種の1つとしてニュースやラジオといったメディア関連の職業が挙げられる。最適な発音が求められるこういった職種の人々にとって発音辞典は必須アイテムである。イギリスの国営放送（British Broadcasting Corporation）も1926年の創設以来、言葉遣い、特にその発音には細心の注意を払っている。近年の出版物としてはLena OlaussonとCatherine Sangsterによる*Oxford BBC Guide to Pronunciation* (2006) [OBGPと略]があり、イングランドの標準発音 (Received Pronunciation) を発音モデルに、著名人の名前から病名まで幅広い領域が扱われている。より専門的で情報量の多い発音辞典に比べて、その規模は劣るものの、OBGPならではの情報もある。特に、BBC放送局員に寄せられる苦情特集は、一般視聴者の発音に対する関心の高さを表わしている。本稿では、その苦情の中から長年その強勢位置に議論が起こっている4つの語、“controversy”, “debris”, “harass”, “kilometre”を中心に、OBGPが推奨するこれらの語の強勢位置に触れ、英語における語強勢の特徴を述べるとともに、語の強勢位置に揺らぎが生じる1つの要因に英語のリズムが関わっていることを述べていきたい。

1. “controversy”, “debris”, “harass”, “kilometre” の強勢位置

1. 1　OBGPが推奨する伝統的発音

表1はOBGPによる“controversy”, “debris”, “harass”, “kilometre”の推奨発音とその注釈である。なお、本稿では強勢が置かれる音節を大文字で示し、音節の切れ目については*Cambridge English Pronouncing Dictionary*の

第 18 版（CEPD と略）に合わせている：

	推奨発音	注釈内容
controversy	CONtroversy	This is the traditional pronunciation, but kuhn-trov-uhr-si is equally, if not more, common, and equally acceptable. AM is kon-truh-vur-si
debris	DEBris	Less commonly also day-bree. The form duh-bree is now used more commonly in BR, but is still regarded as the AM pronunciation.
harass	HARass	This is the traditional British English pronunciation. The variant huh-rass is gaining ground in BR but still disliked by many in the UK, and the same applies to the word harassment. AM is huh-rass.
kilometre	KILometre	This is the traditional pronunciation, but kil-om-uh-tuhr is equally, if not more, common, and equally acceptable. AM is usually kil-om-uh-tuhr.

表 1. OBGP における 4 語の推奨発音とその注釈

（AM は American English、BR は British English の略）[(1)]

OBGP がこれら 4 語に推奨する強勢位置は、基本的に第 1 音節となっている。[(2)] この強勢位置は代表的な発音辞典、CEPD、*Longman Pronunciation Dictionary* の第 3 版（LPD と略）そして *Oxford Dictionary of Pronunciation*（ODP と略）の主要発音とほぼ同じである。そのため、現代イギリス英語におけるこれらの語の強勢位置は、発音辞典では主に第 1 音節とされていることが分かる。

OBGP が推奨する発音は、その注釈にあるように「伝統的な発音」となっている。OBGP には何をもって伝統的とするのかについての言及はないものの、[(3)] 英語には古英語の時代から引き継がれる語強勢の特徴として、第 1 音節への強勢がある (Bauer, 1994: 158, Baugh and Cable, 2013[6]: 47)。[(4)] この特徴を英語の強勢位置における伝統とすると、中英語の時代、または 17、18 世紀にラテン語またはフランス語から入ってきたこれらの語は、[(5)] この伝統に従った読み方となっている。

しかしながら、この伝統が常に守られているわけではない。実際、本稿で参照した発音辞典には第2音節に強勢を置く読み方も採用されている。(6) また、CEPD と LPD では kiLOMetre が主要発音であり、(7) LPD での "controversy"(8) は表記上の主要発音（CONtroversy）とその付属 CD-ROM に吹き込まれている音声が異なっている（conTROVersy）(9) ことからも、この伝統が絶対的な規則として存在するとは言えない。

1.2 英語の語強勢にみられる特徴

第1音節に強勢を置く伝統的な読み方に陰りが見られるその背景には、ラテン語やフランス語といったロマンス諸語からの大量の語彙流入があるとされている (Bauer, 1994: 158, Baugh and Cable, 2013[6]: 47, McMahon, 2002: 120)。こういった歴史的背景もある一方、語の形態（品詞や音節数）による強勢位置の違いもある。本稿で取り上げる語に限ってその特徴を述べると、Carr (2013[2]: 76-78) は2音節の名詞は第1音節に、2音節の動詞は第2音節に、3音節以上の名詞は語末から3番目の位置に強勢を置く傾向があるとしている。この説明に基づくと、2音節の動詞である "harass" は haRASS、(10) 2音節の名詞である "debris" は DEBris、そして4音節の名詞である "controversy" と "kilometre" は conTROVersy、kiLOMetre となる。そのため、英語における語強勢の伝統が守られている語は "debris" のみとなり、残りの語はその伝統から逸脱している。さらに、3音節以上の語においては、この伝統の衰退に拍車をかけるような傾向も現れている。

Cruttenden (2014[8]: 252) や Lindsey (2019: 79-80) によると、英語では3音節以上の語において弱音節が続く読み方は避けられる傾向にあるという。(11) "controversy" を例に挙げると、①強 - 弱 - 弱 - 弱（CONtroversy）ではなく、②弱 - 強 - 弱 - 弱（conTROVersy）とするか、③第1音節に強勢を残し、その直後にくる弱音節を落とすことで弱音節が2つになるような読み方があるという。(12)

小規模ではあるが、第1音節に強勢を置く伝統的な読み方が現代イギリス英語においてどれほど守られているのかを音声資料（*YouGlish*）(13) を使い観察すると、"debris" 以外は Carr (2013[2])、Cruttenden (2014[8])、Lindsey (2019)

の説明に近い結果となった。

語（数）		
controversy (213)	CONtrovresy 67	conTROVersy 146
debris (159)	DEBris 108	deBRIS 51
harass (17)	HARass 0	haRASS 17
kilometre (83)	KILometre 11	kiLOMetre 72

表 2. *YouGlish* を使った音声分析の結果

ただし、この音の観察は、いくつもの語が連なった発話中での観察で得られた結果である。つまり、文レベルでの音の観察である。文レベルでの強勢位置には語レベルとは異なる特徴があるため、次節ではこの点を取り上げ強勢位置の揺れとの関連性について取り上げていく。

2. リズムによる強勢位置の変化

一部の語にのみ強勢位置の揺れが生じる理由については不明な点が多く、簡単にその要因を特定することはできない。しかし、Crystal (2000²: 88) によると、英語には発話中に一定のリズムを刻む気質があり、それが強勢位置に影響を与えることもあるとしている。

2.1 文レベルでのリズムの特徴：eurhythmy と stress clash

言語には 2 種類のリズム（音節伯リズムと強勢拍リズム）があると言われている。英語は強勢拍リズムであり、強勢を受ける音節が一定の間隔をもって現れるとされている。“eurhythmy” (14) (Grabe and Warren, 1995: 95) とも言われるこのリズムは、例えば、“Mary’s younger brother wanted fifty chocolate peanuts.” を以下のようなリズムで実現することになる（●は強勢を受ける音節、○ は無強勢となる音節を示す)。

MARy's younger BROTHer wanted FIFty chocolate PEAnuts

(Ladefoged and Johnson, 2011[6]: 116)

上記の例において、強勢を受ける音節から次の強勢がある音節までの間には3つの弱音節をもった一定のリズムが刻まれている。

先に挙げた英文は2音節の語から成る文であるが、1音節の語から成る文でも一定のリズムを保った読み方がなされる：

○ ● ○ ● ○ ● ○ ●

the BIG brown BEAR bit TEN white MICE

(Ladefoged and Johnson, 2011[6]: 116)

上記の "brown", "bit", "white" は単体であれば、いずれも強勢をもつ語である。しかし、文の中では母音の音質を保ちつつも、無強勢となる。これは強勢を受ける音節が隣接する "stress clash" (Hogg and McCully, 1987: 132) を避けるためであり、[(15)] "iambic reversal" (Hogg and McCully, 1987: 134) と言われる。[(16)]

上記2例の英文のような一定のリズムが常に保たれるわけではないが、[(17)] Bolinger (1986: 61) はこのリズムを無意識のうちに保とうとする力が働いているという。

2.2 音声資料の再分析

本稿で調査対象とする語を同じ発話内で同じ話者が数回使っている例はいくつかあるものの、[(18)] stress clash を避けるために強勢位置を移動させている例は "debris" のみであった。"debris" は1.2の観察結果から DEBris が多数派となっているが、この話者は DEBris を1回、deBRIS を2回使っている。"debris" が使われる順にその文脈を以下に記しておく：[(19)]

A. and the DARKer BITS are WHERE we think we HAVE sort of DEBris, we

CALL it DUST,

B. BUT they ALso HAVE these CLOUDS of GAS and deBRIS from OLDer STARS.

C. and DRAWing aROUND deBRIS discs of .. kind of ROCKS and OTHer things…

A-C の発話はいずれも弱のリズムを適度に刻んだ発話となっている。A の発話で使われる “debris” は DEBris となっているが、それ以降に出てくる B と C の “debris” は deBRIS となっている。A と B の “debris” の前にくる語に注目すると、いずれも強勢を受けない “of”, “and” であり、stress clash を起こすようなリズムの並びとはなっていない。そのため、B の “debris” は A と同じく DEBris となっても問題ではない。しかし、C の発話については、“debris” の直前にくる “around” の第 2 音節に強勢が置かれているため、仮に DEBris となると、stress clash を起こしてしまう。そのために、deBRIS という読み方になった可能性が高い。この話者が DEBris または deBRIS のどちらの使い手であるのか明確にする必要はあるが、少なくとも、強のリズムが連続することのない読み方となっている。

おわりに

本稿では “controversy”, “debris”, “harass”, “kilometre” における強勢位置の揺れを伝統的な語強勢、語の形態、英語のリズムの観点から考察を加え、後者 2 つの要因が強く関わっていることを指摘した。本稿では分析対象外の語であるが、“comparable” もその強勢位置が揺れ動く語の 1 つとされている。この語が同一話者によって読まれている発話を観察すると、[20] COMparable が 3 回、comPARable が 1 回となっている。この COMparable から comPARable となった要因も stress clash を避けるためであった。リズムによる強勢位置の移動が全ての要因ではないが、英語の遺伝子に組み込まれているこの情報が語の強勢位置に揺れを引き起こしていることは間違いないであろう。

註

(1) 各語の注釈内容から一般視聴者は「伝統的な発音」から逸脱するもの、または「アメリカ英語の発音」に対し苦情を寄せていると考えられる。

(2) ジーニアス英和辞典 (2014[5]) でのこれらの語におけるイギリス英語での強勢位置は以下のようになっている：

第1発音	第2発音
CONtroversy	conTROVersy
DEBris	deBRIS
HARass	haRASS
kiLOMetre	KILometre

(3) "traditional" を一般的な英英辞書の1つ、*Oxford Advanced Learner's Dictionary* (2015[9]: 1662) で引くと、「ある特定のグループまたは人々の中に見られる信仰、習慣または生活様式の一部分であり、長らく保たれてきたもの」とある。

(4) Butterfield (2015[4]: 688) は、古英語の名詞や動詞は前置詞的副詞がその語幹につくことで強勢位置が変わるため、この規則がそれほど単純なものではないとしている。

(5) 英語と外来語の強勢位置については、Knowles (1987: 117-121) を参照。

(6) OBGP の推奨発音について説明する際に「これら4語の強勢位置は基本的に第1音節となっている」としたのは、第2音節に強勢を置く読み方も容認されているためである。

(7) CEPD (2011[18]: 277) での "kilometre" にある注釈は、表1で記した OBGP の補足説明とほぼ同じ内容である。LPD は、イギリス人に対して行った調査で、kiLOMetre は約6割、KILometre は約4割という結果となっている。そのため、いずれの辞典も多数派の発音である kiLOMetre を採用している。

(8) LPD による "controversy" の調査結果では6割の人々が conTROVersy であり、偶然、この多数派を占める読み手の音声が録音された可能性がある。

(9) OBGP とその他の発音辞典を比較した際に、これらの語の強勢位置が「ほぼ同じである」としたのは、一部の語においてこのような相違がみられるためである。

(10) CEPD と LPD は、haRASS が広まりつつあることを認める一方で、年配層や伝統的な発音を使う話者からは批判の対象となることも指摘している。

(11) Lindsey (2019: 80) は 3 音節以上の語であっても、第 1 音節に強勢があり、弱音節が 3 連続する語(“difficulty”, “knowledgeable”, “speculatively” など)があること、そして必ずしもこのリズムが保たれるわけではないとしている。

(12) “controversy” の第 2 音節の曖昧母音を落とすと、/ˈkɒntrvəsi/ となり、弱のリズムが 2 つとなる。

(13) 英語の変種として “All”, “US”, “UK”, “AUS” があり（本稿では “UK” を選択)、特定の語を検索したうえで実際の発音を確認することができるサイトである。様々なスタイル（インタビュー、モノローグ、レクチャー、演説）があるため、フォーマル・インフォーマル、性別、年齢に統一性がない。本来であれば、発話条件を統一する必要があるが、本稿ではこれら 4 語の現状を観察することに重点を置いているため、これらの要因については考慮していない。ただし、明らかな地域なまり（スコットランドやアイルランド）をもつ話者は除外している。

また、“controversy”, “kilometre” は 2019 年 1 月 29 日の時点、“debris”, “harass” は 2019 年 8 月 17 日時点で収集した音声資料を使用している。

(14) “a general tendency towards a particular spacing of stressed syllables so that utterances exhibit a preferred periodicity.” (Grabe and Warren, 1995: 95)

(15) 句レベルにおいてもみられる。例えば、“thirteen” は thirTEEN、“afternoon” は afterNOON となるが、“thirteen people” や “afternoon tea” のような句になると、ThirTEEN PEOple、afterNOON TEA とはならず、THIRteen PEOple、AFTERnoon TEA となる。つまり、強 - 弱 - 強のリズムとなる。

(16) Jones (1956[4]: 145) や Wells (2006: 232) は “stress shift” という名称を使っている。またこの現象は強勢のある音節が連続する環境下で常に適用されるわけではないが、ほとんどの場合、この現象が起こるという。

(17) リズムが変わる要因として、Butterfiled (2015[4]: 690) や Roach (2009[4]: 109-110) は発話がなされるコンテクストを挙げている。

(18) “controversy” で 23 名、“debris” で 4 名、“harass” で 7 名、“kilometre” で 20 名確認できたが、stress clash を起こす音声環境は “debris” 以外、見つからなかった。

(19) “Our Universe and How It Works - with Jo Dunkley”
https://www.youtube.com/watch?v=bFobsse_dZk [12 June 2019] (accessed 25 August 2019)

(20) It can ilLUminate the CONsequences of ACtions in COMparable situAtions, yet EACH geneRAtion MUST disCOVer for itSELF WHAT situAtions are in FACT comPARable.
1つ目の “comparable” はその直前に強勢を受けない “in” があるが、2つ目の “comparable” の直前には強勢を受けた “fact” があるため、comPARable となっている (“An Evening with Niall Ferguson” https://www.youtube.com/watch?time_continue=2455&v=KIsZoGkedCo) [23 May 2016] (accessed 15 February 2019)

参考文献

Bauer, L. (1994) *Watching English Change*. London: Taylor and Francis.

Baugh, A. and Cable, T. (2013[6]) *A History of the English Language*. Oxon: Routledge.

Bolinger, D. (1986) *Intonation and Its Parts*. Stanford: Stanford University Press.

Butterfield, J. (ed.) (2015[4]) *Fowler's Dictionary of Modern English Usage*. Oxford: Oxford University Press.

Carr, P. (2013[2]) *English Phonetics and Phonology*. MA & Oxford: Wiley-Blackwell.

Cruttenden, A. (2014[8]) *Gimson's Pronunciation of English*. London: Hodder Education / Oxon: Routledge.

Crystal, D. (2000[2]) *Who Cares about English Usage?* Harmondsworth: Penguin Books.

Grabe, E. and Warren, P. (1995) Stress Shift: do speakers do it or do listeners hear it? In B. Connell and A. Arvaniti (eds.) *Phonology and Phonetic Evidence*. Cambridge: Cambridge University Press.

Hogg, R. and McCully, C. B. (1987) *Metrical Phonology*. Cambridge: Cambridge University Press.

Jones, D. (1956[4]) *The Pronunciation of English*. Cambridge: Cambridge University Press.

Knowles, G. (1987) *Patterns of Spoken English*. New York: Longman.

Ladefoged, P. and Johnson, K. (2011[6]) *A Course in Phonetics*. Boston & MA: Wadsworth Cengage Learning.

Lindsey, G. (2019) *English After RP*. Cham: Palgrave Macmillan.

McMahon, A. (2002) *An Introduction to English Phonology*. Edinburgh: Edinburgh University Press.

Olausson, L. and Sangster, C. (2006) *Oxford BBC Guide to Pronunciation*. Oxford: Oxford University Press.

Oxford Advanced Learner's Dictionary (2015[9]) Oxford: Oxford University Press.

Roach, P. (2009[4]) *English Phonetics and Phonology*. Cambridge: Cambridge University Press.

Roach, P. et al. (2011[18]) *Cambridge English Pronouncing Dictionary*. Cambridge: Cambridge University Press.

Upton, C. et al. (2001) *Oxford Dictionary of Pronunciation for Current English*. Oxford: Oxford University Press.

Wells, J.C. (2006) *English Intonation*. Cambridge: Cambridge University Press.

Wells, J.C. (2008[3]) *Longman Pronunciation Dictionary*. Harlow: Longman.

南出　康世 (2014[5])『ジーニアス英和辞典』大修館書店 .

音声資料

YouGlish https://youglish.com/

II

語法・文法

前置詞句が文の主語になるとき *
― 例外的言語現象の背後にある意味の働き

北原　賢一

1. はじめに

何冊か高校生用の学習参考書のページを繰ってみると、「前置詞のついている名詞句は、文の要素にならない」というルールが書かれている。たしかに、このルールは、英文の構造をつかみ、文型を正しく識別するための解釈や読解のテクニックとしては大変優れたものである。しかしながら、(1) のような事例でも、前置詞は文の要素ではないといえるだろうか。[1]

(1) a. *Under the table* is a comfortable place.
b. *During the vacation* may be convenient.
c. *Across the street* is swarming with bees.

(有村 1987: 22)

本稿では、「前置詞のついている名詞句は、文の要素にならない」というルールの反例として、(1) のような前置詞句主語表現を考察し、当たり前のように英語学習者に受け入れられているルールにも例外があり、その背後には意味が重要な働きを担っていることを明らかにしてみたい。

2. 「前置詞のついている名詞句は、文の要素にならない」か

前置詞句が主語として働くことは、例外的な言語現象とはされるものの、たとえば疑問文で主語と助動詞の位置が入れ替わる際の対象となること((2a))や主節の動詞との数の一致((2b))など、先行研究で十分に証明されており、(3) のような倒置表現とは文法性が対照的である。

(2) a. Is [under the table] a good place to hide? (Bresnan 1994: 110)

b. [Under the bed] and [in the fireplace] {*is not/are not} the best (combination) of places to leave your toys. (Levine 1989: 1015)

(3) a. *Was [under the table] a cat? (松原 2003: 144)

b. [Down through the hills] and [into the forest] {flows/*flow} the little brook. (Levine 1989: 1015)

また、前置詞句が主語になると、指示代名詞による代用が可能になる。

(4) a. [Under the bed] is a cozy place to hide, but *it* is a lousy place to keep raw liver.

b. [From 7:00 to 8:00] seems to be a good time to have dinner to me, but *it* strikes Mary as too late.

(Nishihara 2003: 405)

c. [Under the bed] is a good place to hide it, isn't *it*?

(Taylor 1998: 193)

d. [On Wednesday] and [On Friday] will be fine, won't *they*?

(松原 2003: 138)

(4a) と (4b) では文頭の前置詞句を it が指示しており、(4c) と (4d) の付加疑問文でも文末の it と they は前置詞句を指示している。後者ではさらに、主語・助動詞倒置の語順となることからも、前置詞句は指示性を持ち、名詞句と同じように主語の役割を担っていると考えられる。

では、前置詞句はどのようなものでも主語になれるのだろうか。先行研究によると、実際には (1), (2), (4) の例に見られるような「場所」、「時間」や「期間」を表す前置詞句に加えて、(5) のような「経路」を表す前置詞句や (6) のような「手段」を表す前置詞句も用いられる。[2, 3]

(5) a. *To York* is not very far.

b. *From here to Philadelphia* is only a hundred miles.

(Quirk et al. 1985: 749)

c. *To Los Angeles from Chicago* is the path of the fabled Route 66.

(Huddleston and Pullum 2002: 641)

(6) a. *By hand* is better for sending a letter than by delivery.

b. *By air* is the most comfortable if you get away.

c. *By car* is more convenient for getting to Cape Breton.

前置詞句主語の存在は、「前置詞句は文の要素にならない」というルールが英語の文構造の理解を容易にするための教育的配慮にすぎず、実際にはネイティヴ・スピーカーの文法そのものではないということを示唆するものである。では、前置詞句は何故主語になり、名詞句と同じように指示性をもつことが可能になるのだろうか。その要因について考えてみよう。

3. 前置詞句が主語になる要因：心理主語と「陳述の主題」

前置詞句が主語になる要因として、心理主語（psychological subject）という考え方が参考になる。これは19世紀後半に言語心理学者によって用いられた概念で、大塚（編）(1970) によれば、たとえば、John bought a book yesterday. という英文においては、一般に John が Subject であり、残りが Predicate である。しかしながら、What did John buy yesterday? という疑問文の答えであるとすれば、心理的には a book こそ主語と称することができる。また、When did John buy a book? という疑問の答えであるとすれば、yesterday が主語にもなりうる。このように、ある文が話される周囲の状況にまで立ち入って考えれば、そのときに心理的に重点の置かれるものを「陳述の主題」と見ることができ、それこそが心理主語である（cf. Halliday (1985[1]))。前置詞句主語は、このような心理主語が言語表現のレベルでも文主語の資格を得たものと考えられないだろうか。[4] (7) はその例証である。

(7) A: When are we going to have the next meeting?

B: *On Tuesday* will be fine.

In March suits me.

During the vacation is what we decided.

Between 6 and 7 may be convenient.

(Quirk et al. 1985: 658)

(7) の A は次の会議の予定を決めようとしており、B には四通りの前置詞句主語を用いた返答がある。いずれも、When are we going to have the next meeting? という疑問文に対して、心理主語をそのまま文法上の主語に選んだ回答といえる。さらに、(8) の例を考えてみたい。

(8) A: What day is free for everyone?

B: On Sunday I have an appointment.

C: Saturday works for me.

A: So Saturday works for everyone.

D: *On Saturday* doesn't suit everyone. My wife and I have to work.

(8) は実際、筆者が同僚たちの会話から耳にした例である。A の発問に対して、B と C と D が予定を述べている。まず、B の「日曜は予定がある」という答えがあり、C は「土曜なら都合がいい」という。A が土曜日に決めようとすると、D が自分の予定を述べ始める。ここで、D はすでに議論に出ていた前置詞句 on [Sunday] という形式に Saturday を組み込むことで「陳述の主題」とし、そのまま文主語として言語化している。D の発話の状況を考えれば、前置詞句主語表現を用いる動機は明らかであろう。

前置詞句主語を「陳述の主題」と考えれば、後続する述部において、その「主題」に対する話者の判断や評価に関わる動詞が選ばれ、(9) のように、前置詞句の指示対象そのものが目的語に直接働きかけるような意味を表す動詞や瞬時的な変化を表す動詞が排除される事実も頷けよう。[5]

(9) a. **Under the chair* pleases the cat.

b. **Under the table* surprised the cat.

(Haegeman and Guéron 1999: 119)

4. 前置詞句主語が指し示すもの

次に、前置詞句主語の指示性について考えてみよう。前置詞句主語が何を指し示すのかを明らかにするためには、発話理解という観点から分析する必要がある。Quirk et al. (1985) は前置詞句主語における前置詞の役割について、次のような事例を用いて説明している。

(10) a. Tuesday will be fine.
b. 'Meeting on Tuesday will be fine.'
c. 'The weather on Tuesday will be fine.'

(Quirk et al. 1985: 658)

(10a) は (8B) の文から前置詞 on を省いたものであるが、(10a) を単独で用いると文意は曖昧になり、(10b) や (10c) の解釈が可能になるという。

一方、筆者の調査では、On Tuesday will be fine. という前置詞句主語表現は、単独で用いられても天気など一般的な事柄が推量されることはなく、予定をたてるのに都合が良い曜日を述べている文としてのみ理解される。つまり、前置詞 on の存在は、前置詞句主語が指示する内容、つまり、話者が伝えようとしている個人の予定を聞き手が復元することに役立っている。

興味深いことに、前置詞句主語が指示する内容について、文脈を踏まえながら復元してみると、そこには前置詞句が語彙的にもともと持っている意味から微妙なズレがあることがわかる。(11) は (1) の前置詞句主語の指示対象を復元したものである。

(11) a. <u>The space under the table</u> is a comfortable place, e.g. for lying, sleeping, hiding something…
b. <u>Any time and any day during the vacation</u> may be convenient, e.g. for meeting together, going to the movies together, and so on.
c. <u>The other side of the street</u> is swarming with bees.

(1a) の under the table が指示するものは、テーブルの真下にある床でもなければ、テーブルを支える脚の下にある床でもない。テーブルの構造的要因によって作り出される床との間の空間であって、実際には話者がどのように空間をとらえているのかが表されている。また、(1b) の during the vacation が指示しているのは、その期間中に何らかのイベントを計画ないし実施することであって、その日に予定を組むことの是非に関する話者の都合が問題になっている。また、(1c) の across the street の指示対象は、通りの反対側全体ではなく、話者の目視で確認できる範囲に限定されている。

前置詞句主語の意味のズレに、話者の認識の仕方が関わることは、(5) の例でも同じである。(12) は (5) の復元である。

(12) a. The distance from here to York is not very far.
b. The distance from here to Philadelphia is only a hundred miles.
c. The line running from Chicago to Los Angeles is the path of the fabled Route 66.

(5a) について、York までの距離にはその始点として話し手のいる場所までもが含まれている。また、(5b) で「ここからフィラデルフィアまでの距離」という時の distance は、話者が実際にフィラデルフィアまで移動して測量しているわけではなく、「ここ」にいながらにしてフィラデルフィアまでの距離をとらえている。同じように、(5c) の例は、1985 年に廃止された旧国道 66 号線を指しているが、もはや存在していない国道を心の目で追っている。いずれの例においても、話者の存在が隠れていることに留意したい。

一方で、聞き手は、前置詞句主語が何を指示しているのかということを、述部の情報からも読み取る。(13) は (6) の復元である。(13a) では述部の情報や delivery との比較を通じて、by hand が指示する内容が「手紙を手渡しすること」に特定されており、(13b) と (13c) では、飛行機と車が、旅の、あるいは目的地に到着するための乗り物として特定されている。

(13) a. Sending a letter by hand is better than by delivery.

b. Traveling by air is the most comfortable way if you get away.

c. Driving by car is more convenient for getting to Cape Breton.

前置詞句主語が表す「手段」が、他の手段と比較されることによって、話者の判断や評価の対象になっていることも特徴の一つに数えられるだろう。

ここで注意したいことは、前置詞句主語の指示対象は、同じ前置詞句であっても、話し手と聞き手のやりとり次第で変化しうるということである。Under the bed is a comfortable place. という表現では、「ベッドの下」は人や小動物が光源を避けて隠れられる比較的幅のある空間を指すが、Under the bed is convenient to hide something. という場合は、「ベッドの下」はマットレスと床板の間のごく狭い隙間を指示することもできる。(5a) の To York や (5b) の From here to Philadelphia が指し示す「ここ」も、文脈次第では、話者がいる場所ではなく、聞き手のいる場所を基準として、「経路」を推し量る場面が想定されうる。同じ前置詞句が主語に使われていたとしても、会話の状況次第によりその指示対象は広がったり、縮んだりするのである。

さらに注目されるのは、話し手が前置詞句主語を用いる真意を聞き手が読み取れないような場合には、容認度が落ちるという事実である。

(14) a.(?)*By the fire* is nice and warm.

b. *By the fire* is a good place to sit.

(Taylor 1998: 193)

Taylor (1998) によると、前置詞句 by the fire は、(14a) よりも (14b) のほうが主語として座りが良いという。(14b) のように利点を具体的にしたものに対して (14a) の容認性が劣るのは、火からどれくらいの位置のことを話者が伝えようとしているのかが、by the fire からだけでは十分に理解しにくいためだと考えられる。しかし、(14a) のような表現も (15) のような環境に置かれれば、やけどをせずに暖をとることのできる適当な位置を述べていることが明確になり、自然な表現に転ずることに着目したい。

(15) *By the fire* is nice and warm on a dark winter day, curled up with a blanket, than going for an indoor swim in a cold artificially lit public pool.

以上の議論から導き出される結論は、前置詞句主語の指示するものは、1) 前置詞句がもともと語彙的に持っている意味が話者の認識の仕方で伸縮することにより作り出されるものであり、2) 述部や文脈から聞き手が容易に復元可能なものでなければならないということである。前置詞句主語の使用が、話し手と聞き手の双方向的で即興的な意味のやりとりに基づいていることは次の例からも証明される。(16) と (17) を見てみよう。

(16) A: We are free on Mondays. Monday is a national holiday. On what day are you free?

B: ? In Japan, *on Sunday* is free.

(17) A: On what day are you free?

B: *On Sunday* is free for me and this day is a national holiday. I can also rest on the national holiday.

インフォーマントによると、(16B) と (17B) を比較した場合、(17B) の前置詞句主語表現のほうがずっと自然に感じられるという。(16B) は「日本では日曜が休日である」という普遍的事実であるのに対して、(17B) は個人の都合に焦点がある。これらの例が示すことは、前置詞句主語表現の使用は、話し手と聞き手がその指示対象を共有し合えることだけではなく、聞き手の理解に結び付く程度で話し手の主観的な考え方や情報が表現されることが条件になるということである。

5. おわりに

「前置詞句は文の要素にならない」というルールは、(英語という言語の特徴を迅速に理解させる目的で作られた）汎用性のあるテクニックに過ぎず、ネイティヴ・スピーカーの文法そのものではない。本稿では、前置詞句もまた文の要素になることを、主語として働く前置詞句を例にして議論してきた。前置詞句主語は例外的な言語表現ではあるが、その意味に目を向けてみれば、母語話者が何故そのような表現をわざわざ選んで用いるのかが明確になる。学んできたことから逸脱した英語の表現や用法に出会ったとしても、それを使っている人間がいるならば、それもまた文法である。例外を学ぶことは人間を学ぶこと、そのように考えれば、これからの英語学習もきっと奥行きのある楽しいものに感じられるはずである。

註

* 本稿の執筆にあたって、貴重なご助言をくださった麗澤大学の Andrew S. MacNaughton 先生と Andrew Nicolai Struc 先生に心より感謝申し上げたい。

1 本稿で用いる前置詞句主語表現は、議論の都合上、言語学者による作例やインフォーマントから提供された例が中心であるが、当該表現は文学作品などにも広く観察される。詳しくは、吉川 (1949) を参照されたい。

2 Bresnan (1994) は、「場所」や「時間」を表す前置詞句が主語として一番容認度が高いとし、「手段」を表す前置詞句主語の存在を無視している。しかしながら、コーパスには以下のような実例がある（愛知文教大学の西脇幸太先生のご教示による）。

(i) a. The majority of the dig out work can be done by hand a little at a time or all at once with a small rented bobcat or skidsteer. *By hand* (= Digging out by hand) is better if you have busy-body neighbors or other impediments.

b. Sew the four sides of the polyester into sleeves, so the tent poles can slide through the edges. *By hand* (= Sewing by hand) is cheaper, but a sewing machine would get it done in minutes instead of hours.

(iWeb Corpus)

4節の議論とも関係するが、それぞれの前置詞句主語が表す内容は括弧内の下線の表現のように復元することができる。

3　有村は、「理由」を表す前置詞句が主語になる例もあげている（?*Because of illness* is convenient for not attending the meeting. (有村 1987:22)）が、筆者のインフォーマントは容認しなかった。これは、意味の問題というよりも、むしろbecause ofが他の前置詞句主語の前置詞と違って二語からなることに抵抗を感じるためらしい。この点についてはさらに検証したい。

4　Halliday (1985[1]) は、伝統的に扱われてきた主語という概念について、心理主語（psychological subject)、文法主語（grammatical subject)、論理主語（logical subject）という区別を踏襲しつつ、それぞれに対して、主題（Theme)、主語（Subject)、行為者（Actor）という別の標示を与えることで、三つの異なる機能としてとらえ直している。Hallidayの視点でいえば、前置詞句主語はthemeということになるが、本稿が「心理主語」という概念を使って議論をしているのは、人間が心の中で主語として選ぶものが必ずしも名詞句の姿をしたものに限らないことに言及するためである。

5　Haegeman and Guéron (1999) は、前置詞句主語に後続する動詞はbe動詞やsuitであると述べているが、松原 (2009) も指摘するように、前置詞句主語には様々な動詞が生起する。しかし、前置詞句主語表現全体が、話者の判断や評価を表すことに変わりはない。詳細は松原を参照されたい。

参考文献

有村兼彬 (1987)「前置詞句主語構文について」『英語青年』4月号 :22. 東京：研究社 .

Bresnan, J. (1994) "Locative Inversion and the Architecture of Universal Grammar." *Language* 70: 72-131.

Haegeman L. and J. Guéron (1999) *English Grammar: A Generative Perspective*. Oxford: Blackwell Publishers.

Halliday, M. A. K. (1985[1]) *An Introduction to Functional Grammar*. London: Arnold.

Huddleston, R. and G. K. Pullum. (2002) *The Cambridge Grammar of the English*

Language. Cambridge: Cambridge University Press.

Levine, Robert D. (1989) "On Focus Inversion: Syntactic Valence and the Role of a SUBJECT List." *Linguistics* 27: 1013-1055.

松原文典 (2003)「前置詞句主語の統語的・意味的条件について」『英語語法文法研究』10: 135-148.

松原文典 (2009)「前置詞句主語の認可条件について」『英語語法文法研究』16: 35-51.

Nishihara, T. (2003) "Equative Construction with Honorary NPs in English." *English Linguistics* 20 (2): 395-418.

大塚高信（編）(1970)『新英文法辞典 改訂増補版』. 東京 : 三省堂 .

Quirk, R., S. Greenbaum, G. Leech, and J. Svartvik. (1985) *A Comprehensive Grammar of the English Language*. London: Longmans.

Taylor, J. R. (1998) "Syntactic Constructions as Prototype Categories." *The New Psychology of Language: Cognitive and Functional Approaches to Language Structure*. Ed. M. Tomasello. Hillsdale NJ: Laurence Erlbaum, 177-202.

吉川美夫 (1949)『英文法詳説』. 東京 : 文建書房 .

現代英語における albeit の振る舞い

滝沢　直宏

1. はじめに

本稿では、現代英語における（基本的には）接続詞である albeit の振る舞いを見る。albeit は基本的に although や though と同義の接続詞であるが、although/though にはない幾つかの特徴がある。本稿は、although/though との違いに着目しながら、現代英語の albeit の特徴を浮き彫りにすることを目的とする（史的変遷に焦点をあてることは避ける。滝沢 (1996)、Molesncki (1997)、Sorva (2007a, 2007b)、藤田 (2010) などを参照）。

albeit に限ったことではないが、出現頻度がさほど高くない語について信頼のおける記述を得るには電子化された大規模な言語資料であるコーパスを用いる必要がある。しかも、その規模は可能な限り大規模であると良い。そうでないと十分な量のデータが得られないからである。更に、コーパスから自在に情報を抽出するには、WWW サイトに用意されたツールを使うのではなく、手元のコンピュータにテキストファイルとして保存した状態で利用する必要がある（滝沢 (2015) などを参照）。これが可能な大規模コーパスとしては、現在のところ Brigham Young University（以下 BYU）の Mark Davies 教授が構築した iWeb Corpus (以下 iWeb) が最適だと思われる。このコーパスは、実に 140 億語から構成されている（書籍に換算するとおよそ 14 万冊に相当）ので、現代英語研究によく用いられている 1 億語の British National Corpus (XML 版、以下 BNC) や 5 億 6,000 万語から成る Corpus of Contemporary American English (以下 COCA) に比べても遥かに巨大な規模である。

実際、albeit は BNC において 1,361 回、COCA において 5,067 回出現するにとどまるが、iWeb では 121,210 回出現している（これらの数値は BYU の WWW 上のサイトで検索した結果である。本稿で用いる full text 版は著作者への配慮から 200 語につき 10 語を伏せ字にしているため、数値は異なる。また、本稿で用いるCOCAのfull text版は4億4,000万語の時のものであり、現在とは総語数が異なる)。この規模の違いだけを見ても、iWebを用いることによって、BNCやCOCAでは分からないあるいは分かりにくい言語事実を見出すことが可能となるはずである。

2. albeitを取り上げる意義

現代英語で使われている接続詞にはas, because, if, though, whenなど基本的で高頻度の語の他に、あまり見かけない語もある。その中でいささか特異な振る舞いを示す接続詞がalbeitである。この接続詞は、現代英語の特に少々改まった文体の文章、特に学術的な文章の中で見られる。また、近年、とみにその頻度が増してきている語であることも明らかである。例えば、Molencki (1997: 173) は "... the usage of *albeit* has been gradually increasing in recent times." と述べている。

Quirk et al. (1972: 595) は、この語について "The formal and somewhat archaic *albeit* ('even though') is exceptional in that it is <u>normally used to link phrases rather than clauses</u>."(下線部は引用者、以下同様)と述べている。この下線部がalthough/thoughとの大きな相違点である。但し、OED (Online版) では、albeitが句をとる例ばかりではなく、2000年代の例として定形節をとる例もあげている(1つはalbeit that ... のように接続詞thatを伴い、もう1例はthatを伴わない例である)から、定形節をとることがないということではない。句をとるというのはあくまで典型的にはという条件付きである。したがって、Huddleston and Pullum (2002: 736) のいう "*Albeit* is restricted to formal style, and takes <u>only a verbless clause</u> as complement." は、少々強すぎる主張である。なお、Quirk et al. (1985) には、Quirk et al. (1972) およびHuddleston and Pullum (2002) と同趣旨の見解は見られない。Quirk et al. (1985) では、注においてただ一度だけalbeitに触れ、"..., the following archaic subordinators still have a limited currency: *albeit, whence, whereat, wherefore, whither*." (p. 998) と述べるにとどまる。albeit以外の4語のiWeb (WWW版) における出現数はwhence (25,227回)、whereat (727回)、wherefore (20,267回)、whither (7,365回) であるから、この4語の中で最

も高頻度の whence であっても、121,210 回出現している albeit の 4 分 1 以下しか出現していない。Quirk et al. (1985) はこれら 5 語を一まとまりにして “have a limited currency” と述べているが、albeit については、それなりの頻度をもって使われていると言えるだろう。一方で iWeb (WWW 版) において although は 3,070,892 回、though は 4,986,794 回出現しているのであるから、これらに比べ albeit が遥かに低頻度であって周辺的な接続詞であるという事実は動かない。

このような周辺的な機能語を扱うことには意義がある。そもそも接続詞は、前置詞などと同様に、閉じられた類 (Closed Class) に属し、名詞などの開かれた類 (Open Class) とは異なり、その類の成員が短期的な時間の中で変化することはない（Quirk et al. (1985: 71-72) も参照）と言われている。但し、接続詞の場合、英語の歴史を長い時間幅をもって見てみると、新たな語が加わることは、まま見られることである。この点で、真に閉じた類と言える代名詞や冠詞と、接続詞は事情を異にしている。このことが接続詞以上に明瞭に窺われるのは前置詞である。基本的な前置詞として at, by, in, on, for, with など少数の語があるが、周辺的な前置詞としては absent などもある。これは形容詞が前置詞として転用された例であり、既に学習者用の辞書でもこの用法を記載しているものがある。現時点において辞書に未掲載の語も、使用頻度が増し、定着すれば辞書に載ることになろう。また、barring, beginning, concerning, failing, including, starting などのように動詞という別の類に属する語が -ing を伴って前置詞として使われるようになった語もある。基本的前置詞である during も現代英語では廃用になった dure という動詞の -ing 形である（endure, duration などの派生語に dure の痕跡が見られる）から動詞由来の前置詞である。他に bar, aboard, astride, contra, sans などの前置詞もある。このように、前置詞はごく基本的なものだけではなく、周辺まで広がりを見せた語類である。接続詞も、程度の差こそあれ、同様のことが言える。albeit も、元来、all be it (that) であった周辺的な接続詞の 1 つと言える（all が譲歩を表す接続詞である albeit に含まれていることについては König (1985) を参照）。この語は、今日の英語においてその使用頻度を増加させた語であり (Molencki (1997: 173))、また、その用法を歴史の中で変化させてきた語でもある。その意味でも取り上げる価値があると考える。

3. 現代英語における albeit の使用頻度と出現位置

albeit は形式張った文体で使われるという指摘がなされているので、ジャンルに分けられている COCA を用いて、そのジャンル別頻度を示す。各ジャンルの総語数は約 8,800 万語でほぼ等しく、比較が可能だからである。

academic	1,726
magazine	926
newspaper	668
fiction	421
spoken	207

ここから、albeit は academic（学術英語）に顕著に見られはするものの、現代英語における上記 5 つのジャンル全てに行き渡っていることがわかる。硬い表現である albeit が spoken（話し言葉）でも一定数の使用が見られることに注意を向ける必要がある。（話し言葉における albeit の使用については、Molencki (1977: 177) の見解も参照。）

なお、albeit は文頭での使用はあまり見られない。ここでは大雑把に、文頭に使われる albeit を Albeit（語頭が大文字）とし、それ以外（つまり文中あるいは文末）の位置で使われるのを albeit と表記すると、COCA においては、Albeit が 63 例、albeit が 3,881 例である。1.6 % が文頭用法ということになり、圧倒的に文頭以外で使用される語であることがわかる。同様の基準で although/though の出現位置を見ると、although は過半数が文頭での用法であり、though は 13.8% が文頭用法である。このことから考えると、1.6% という数値は、albeit は文頭ではあまり使われることがない接続詞であると言える。まとめると以下の通りとなる。

COCA

	文頭	文頭以外	文頭用法の割合 (%)
although	64,026	51,018	55.7%
though	24,708	154,300	13.8%
albeit	63	3,881	1.6%

COCA はアメリカ英語のコーパスであるが、イギリス英語を収録した BNC でも同様のことが言える。

BNC

	文頭	文頭以外	文頭用法の割合 (%)
although	15,600	27,064	36.6%
though	3,640	40,327	8.3%
albeit	19	1,364	1.4%

albeit だけではなく although と though についても、出現する文内での位置において英米差はないことが確認できる。規模が遥かに巨大な iWeb での調査結果を以下に示す。

iWeb

	文頭	文頭以外	文頭用法の割合 (%)
although	1,429,960	1,514,169	48.6%
though	539,289	4,242,227	11.3%
albeit	3,843	112,262	3.3%

以上の数値から、コーパスによる大きな差は見られないことが分かる。比較的小さなコーパスで確認できることが、大きなコーパスで確認すると否定されることはあるが、この点については全コーパスで一致していると言える。

4. albeit の共起語句

次に albeit がどのような語句と共起するかを観察する。これまでの記述的研究では、「句を従えることが典型である」と言われてきたが、それ以上に踏み込んで、具体的にどのような語句が共起しやすいのかを見ていく。以下、albeit の右隣に生じる語を BNC, COCA, iWeb の順に結果を示す。

BNC

with (137), in (129), a (103), at (52), not (50), on (37), one (36), an (24), the (21), only (20), briefly (17), by (17), for (17), that (16), less (14), reluctantly (14), from (12), of (12), to (12), under (12), very (12), often (11), as (10), limited (10), somewhat (10) (頻度 10 以上)

COCA

with (335), a (319), in (305), one (169), at (139), not (129), an (81), on (68), more (58), the (49), slowly (45), without (45), for (42), from (34), limited (33), only (33), somewhat (32), under (32), to (30), of (29), often (29), less (27), indirectly (25), as (24), by (23), sometimes (23), small (22), very (22), within (22), briefly (21), still (21), slightly (18), reluctantly (17), temporary (16), temporarily (14), through (14), modest (13), it (12), rather (12), grudgingly (11), highly (11), minor (11), mostly (11), much (11), imperfect (10), most (10), usually (10) (頻度 10 以上)

iWeb

with (12239), a (10062), in (8124), not (4831), at (4031), one (3732), the (2118), on (1935), for (1607), very (1454), without (1420), it (1419), an (1338), only (1290), more (1203), slowly (1124), from (1053), that (930), less (914), slightly (893), by (757), I (748), to (747), small (710), still (701), somewhat (686), they (664), briefly (632), much (574), as (544), under (501), of (463), limited (431), some (420), sometimes (390), temporarily (385), through (363), he (351), this (348), rather (338), after (334), against (324), often (324), perhaps (300) (頻度

300 以上)

多少の違いはあるにせよ、いずれのコーパスでも、特に上位の共起語はほぼ同じである。首位が with という点で一致しているが、albeit with ... の後にはどのような語句が生じやすいかとなると、BNC や COCA の規模では傾向を窺うことはできない。規模が小さすぎるのである。一方、iWeb では albeit with a bit of ..., albeit with the help of ..., albeit with a lot of ..., albeit with varying degrees of ... などのパターンが明瞭に見えてくる。

以上は、albeit の右にどのような語句が現れるかという視点で見たが、そもそも albeit はコンマによって区切られた挿入句として使われることが多い(例えば、..., albeit briefly, ...)。このように 1 語を従えて前後がコンマで囲まれた場合の albeit に限定すると、以下のような共起語が見えてくる。以下では、iWeb の結果のみを示す。

iWeb
briefly (259), slowly (248), small (244), limited (125), temporarily (121), brief (112), indirectly (103), temporary (85), reluctantly (79), short (70), slightly (67), rare (64), expensive (61), smaller (57), rarely (55), imperfect (52), modest (50), slower (46), slow (44), controversial (39), simple (39), unintentionally (38), slight (35), different (34), subtle (34), unsuccessfully (34), important (30), indirect (30), minor (30) (頻度 30 以上)

ここから、albeit が挿入句として使われる場合、右隣に生じる語は形容詞または副詞が典型的であること、そして更に、否定的な意味の語あるいは否定の接頭辞(in-, un-,)が付いた語が目立つことが分かる。

albeit の右側 2 語(上と同様に、前後がコンマで囲まれている場合)を見ると、more や less を伴う比較級や relatively を伴う語句、また not ~が目立って現れることが分かる。

iWeb

more expensive (41), very slowly (38), more slowly (23), a tacit (14), much smaller (13), very briefly (13), only slightly (12), a minority (11), less frequently (9), not exclusively (9), not perfect (9), small ones (9), very small (9), with difficulty (9), a few (8), a very (8), more complex (8), time consuming (8), from afar (7), in reverse (7), one that (7), relatively small (7), too late (7), very short (7), for different (6), less likely (6), much tamer (6), not entirely (6), not much (6), rather begrudgingly (6), a small (5), by accident (5), in Chinese (5), it brand (5), less convenient (5), less dramatic (5), more costly (5), more modern (5), more modest (5), not all (5), only briefly (5), somewhat limited (5), too short (5), very different (5), very subtle (5) (頻度 5 以上)

5. albeit の副詞、前置詞としての用法

albeit は基本的には接続詞であるが、副詞や前置詞として使われることもある（Molencki (1977), Sorva (2007a))。Sorva (2007a: 135) によれば、非定形節を従える典型的な用例が BNC において 96% を占めるが、他に定形節を従える用例が 48 例 (4%) 見られ、他に副詞用法が 5 例、前置詞用法が 2 例、after 節を従える例が 1 例であるという。あくまで典型的な用法が非定形節を従える用法であることは動かしがたい事実であるが、それ以外の品詞の用法でも生じているという指摘は重要である。

Molencki (1997: 176) も副詞用法について、“ ..., I have been able to find an instance of *albeit* without any accompanying words, used as a discourse marker equivalent to *nevertheless*.” と述べ、以下の 1 例を挙げている。

(1) Admirably, Her Majesty has resisted the pressure on the Foreign Office, to preclude her meeting with Turkish Cypriots. Albeit, it will take place on British territory on the island. (= Molencki's (64))

iWeb では、副詞用法としての albeit が文頭、文中、文末のいずれでも確認できる（ここでは明らかな副詞用法に限るため、以下のようにコンマあ

るいはピリオドを指標にして検索している)。(1) と同様に文頭での Albeit, ... について Molencki は 1 例のみ発見されたというが、iWeb では 850 例近い例が確認でき、この用法も現代英語において確立しつつあることが窺える。

Albeit, ... (848 例)
..., albeit, ... (683 例)
..., albeit. (57 例)

但し、Molencki (1997) や Sorva (2007a) が指摘する副詞用法は、あくまで文副詞としての用法である。

6. 名詞句内に生じる albeit：「(an/the) albeit ... N 型」

従来の研究で、明確に記述されてこなかったと思われる用法に、albeit が名詞句の内部(具体的には冠詞(an/the)と名詞の間)に生じる用法がある。例えば、以下のような用法である。

(2) They are an opportunity for an albeit very brief period of ‘co-presence’ with their major investors through which they hope to better understand and influence what is in the fund managers’ minds. (Roberts, J. et al. “In the mirror of the market: The disciplinary effects of company fund manager meetings,” *Accounting, Organizations and Society* 31 (2006: 277-294), p. 282)

(3) This does not alter the fact that within the widely interpreted boundaries set by himself von Raumer presents an albeit modest but objective picture of the development of linguistics in the Netherlands. (Schultink, H. 1992 “The historiography of Dutch linguistics: A diachronic introduction,” in Noordegraaf, J. et al. (eds.), *History of Linguistics in the Low Countries*, p. 4)

この “an/the albeit ... N” は、COCA や BNC では以下の少数例のみが該当する。

(4) an albeit unexpected turn (COCA: fiction)

(5) an albeit intensely personal local history (COCA: magazine)

(6) an albeit swift chain (BNC)

(7) the albeit small exhibition (BNC)

(8) the albeit small revival (BNC)

この用法は、1810年以降200年の英語を収録しているCorpus of Historical American Englishには、上に引いたCOCAのmagazineと同じ文が1例見られる（例(5)）だけであることから、新しい用法の可能性がある。今日の英語を収めたiWebでは229例ほど見出すことができる。

このような冠詞と名詞の間に入り込む用法は、although/thoughには（iWebを見る限りでは）全く見られない用法であり、albeitの特徴と言える。

7. まとめ

以上、本稿では現代英語におけるalbeitの振る舞いを大規模コーパスに依拠して見てきた。先行研究には見られない新たな記述内容として、albeitと共起する具体的な語句を同定し、また名詞句の内部に生じる用法が見られることを指摘した。

参考文献

König, E. 1985. "On the History of Concessives in English: Diachronic and Synchronic Evidence," *Lingua* 66, 1-19.

藤田崇夫 . 2010.「albeit 再考」藤田崇夫・鈴木繁幸・松倉信幸 . (編)『英語と英語教育の眺望』DTP 出版 , 173-187.

Huddleston, R. and G. K. Pullum. 2002. *A Cambridge Grammar of the English Language*. Cambridge: Cambridge University Press.

Molencki, R. 1997. "*Albeit* a Conjunction, Yet it is a Clause: A Counterexample to Unidirectionality Hypothesis?," *Studia Anglica Posnaniensia* 31, 163-178.

Quirk, R., S. Greenbaum, G. Leech and J. Svartvik. 1972. *A Grammar of Contemporary*

English. London: Longman.

——. 1985. *A Comprehensive Grammar of the English Language*. London: Longman.

Sorva, E. 2007a. "Grammaticalization and Syntactic Polyfunctionality: The Case of *Albeit*," *Connectives in the History of English*. Eds. U. Lenker and A. Meurman-Solin. Amsterdam: John Benjamins, 115-143.

——. 2007b. "The Concessive Connective *Albeit*. A Diachronic Corpus-Based Study." *Types of Variation: Diachronic, Dialectal and Typological Interfaces*. Eds. T. Nevalainen, K. Juhani and L. Mikko. Amsterdam: John Benjamins, 121-148.

滝沢直宏 . 1996.「接続詞 albeit をめぐって」『言語文化論集』（名古屋大学言語文化部紀要）XVIII, 41-55.

——. 2015.「コーパスを用いた英語語法文法の研究－その方法を中心に」深谷輝彦・滝沢直宏 . (編)『コーパスと英文法・語法』ひつじ書房 , 23-39.

辞書

The Oxford English Dictionary. Online. (http://www.oed.com)（OED と略記）

他動詞 eat の目的語省略 *

西脇　幸太

1. はじめに

本稿では、これまで、いかなる文脈があろうとも、目的語が省略されることはないという立場が主流であった他動詞 eat の目的語省略について議論する。これまでの研究で「他動詞 eat は常に目的語を明示していなければならない（省略できない）」という記述は、研究が進むにつれてより厳密になり、「文脈が整うことで、目的語を省略できるときがある」というところまで明らかになってきた。しかし、依然として、「省略はできるが、省略しなくてもよい」という段階に留まるのか、あるいは、「省略すべきであり、しないと不自然になる」というところまで言えるのか、という点が明らかになっていない。本稿では、後者の立場を提案する。即ち、他動詞 eat は目的語を「省略できる」に留まらず、「省略すべき」ときがあるということを実証的に論じる。そして、以下の 2 点を主張する。

- 基本形では目的語の省略を許さないとされる他動詞 eat が、その目的語を省略する方が自然である文脈がある。
- 他動詞 eat の目的語省略という特殊な場合を支える原理は、日常の発話ではないレシピやラベルの文脈における、情報の発信者と受信者との間の共通認識に基づくものである。

本稿の構成は以下の通りである。まず、2 節で先行研究を概観し、問題点を指摘する。3 節では、その問題点を受けて、10 名の英語母語話者の回答を基に事実観察と考察を行う。4 節では、3 節までに得られた知見が、いかに英語教育の分野に貢献できるか、という点について、受信と発信の両観点から論じる。5 節はまとめである。

2. 先行研究

2.1. 他動詞 eat は、いかなる文脈でも定目的語省略を許さないとする立場

まず、他動詞 eat は常に目的語省略を許さない、という立場を概観する。この立場は、自動詞用法と他動詞用法を併せ持つ eat という動詞が、形の上での目的語をとっていなければ、即ち、見かけ上自動詞ならば、意味上は常に不定の解釈がされる、というものである。(1A) と (1B) の会話を見てみよう。

(1) A: What happened to my sandwich?
B:*Fido ate. (Fillmore, 1986: 97)

一見、(1B) は、(1A) で話題になった my sandwich についての情報を提供しているように思われる。しかし、たとえ先行文脈で明らかに話題になっていようとも、統語上の目的語が明示されない限り、ate の目的語は、話題の sandwich ではなく、不定の食べ物としか解釈されず、会話が成り立たない、というのが Fillmore の記述である。この観察を支持する (2A) と (2B) による別の会話を見てみよう。

(2) A: Would you like to eat some cake?
B: No, thanks, I don’t care to eat just now. (安井 , 1995: 118)

「ケーキを食べたいか」という (2A) の問いかけに対し、(2B) のように答えると、「今は、ケーキを食べたくない」ではなく、文脈によっては複数の解釈の可能性はあろうが、「今は（ケーキに限らず）食べ物一般を食べたくはない」という意味になる（cf. 安井 (1995: 119))。話題になったケーキを食べたくない、ということを伝達するためには、(3) のように、形の上での明示的な目的語（ここでは any ）を示さなければならない。

(3) No, thanks, I don’t care to eat any just now. (ibid.: 119)

同様の立場を取る先行研究には Lehrer (1970)、Allerton (1975)、Quirk et al. (1985)、Rice (1988)、Levin (1993)、Huddleston and Pullum (2002)、Culicover and Jackendoff (2005) などがある。

2.2. 他動詞 eatの定目的語省略を認める立場

Groefsema (1995) や Onozuka (2007) は、それぞれ、(4)(5) を基に、eat が形の上での目的語をとっていない場合でも、(1B) や (2B) とは異なり、不定ではなく、先行文脈で話題になったものとして解釈できる、という立場を取っている。

(4) John brought the sandwiches and Ann ate. (Groefsema, 1995: 142)

(5) "What difference does it make how she died?" I tried biting the seal on the cellophane. Was this kiddie-proof, like poison? Dietz held his hand out of for the wrapped sandwich and I passed it across the desk to him. "Suppose she was murdered? Suppose she was the victim of a hit-and-run accident?" He freed the sandwich and gave it back to me. "You've got a point," I said. I paused to eat while I reread the information.

(Onozuka, 2007: 548 (S. Grafton, *'M' is for Malice*))

（下線は Onozuka による）

しかし、西脇 (2011) は、英語母語話者に対する調査から、(4)(5) は不定の解釈がなされる可能が高いことを指摘している。特に (4) の形に現れていない ate の意味上の目的語は、定であるとする英語母語話者もいるが、不定の解釈がされるという見解が優勢である。従って、定の解釈を認める決定的な例とは言えない。

2.3. 他動詞 eatの目的語省略について中核と周辺を認める立場

西脇 (2011) は、形の上での目的語を伴わない eat の解釈について、中核と周辺を認める立場を提案している。即ち、中核は 2.1 節で概観した Fillmore らの見解を支持する一方、環境が整えば、他動詞 eat は定目的語省略が「可能である」としている。さらに母語話者によって、定と不定の解釈の間で揺れが生じる文脈 (6)-(9) と、安定して定の解釈が認められる文脈 (10a-c) があると主張している。

(6) A: What happened to my sandwich?
B: ?? The dog found your sandwich, sniffed it and then ate greedily.
(西脇, 2011: 115)

(7) a. ?? I had to eat the 50kg steak in 10 days. I ate for 2 to 4 hours each day.（2 文目の ate の意味上の目的語の定解釈について ??）
b. I had to eat the 50kg steak in 10 days. I ate it for 2 to 4 hours each day.
(ibid.: 116)

(8) [目の前のサンドウィッチを指して]
?Eat! (ibid.: 117)

(9) [サンドウィッチを食べている聞き手に対して]
Do not eat ?(it). (ibid.: 119)

(10) a. いわゆるレシピの文脈
b. いわゆるラベル表示の文脈
c. 非日常的で対象が限定される文脈 (ibid.: 123)

西脇 (2011) は、(10a-c) の具体的な例として、それぞれ (11)-(13) を挙げている。[(1)]

(11) To ripen melons, keep them at room temperature for a few days, when ripe store in the fridge and eat as soon as possible.
(British National Corpus: A70)

(12) [乾燥剤の表面に印刷されて]
DO NOT EAT. (西脇, 2011: 119)

(13) The Queen let another drop fall from her bottle onto the snow, and instantly there appeared a round box, tied with green silk ribbon, which, when opened, turned out to contain several pounds of the best Turkish

Delight. […] While he was eating, the Queen kept asking him questions.
(C. S. Lewis, *The Chronicles of Narnia*)

自動詞用法の eat ではなく、他動詞用法の eat であり、かつ、その目的語が省略「できる」場合があることが具体的な文脈と共に提案された点で、Fillmore らや Groefsema らの記述より正確になった。しかし、その省略は、本来的に必要なもので「省略すべき」ものなのか、あるいは、「省略できる」が、省略しない方が、やはり自然であるのか、という議論にまでは及んでいない。3 節では 10 名の英語母語話者の判断及びコメントを基に、この点を明らかにする。(2)

3. 事実観察及び考察

第一に、2.3 節で概観したレシピの文脈で用いられた (11) について議論する（以下に (14a) として再掲）。10 名の英語母語話者に、次の (14a) から (14d) の中では、どれが自然な文か（複数回答可）、という問いを与えた。具体的にそれぞれの文を確認しておこう。(14a) は後半部分で現れている動詞 store と 後続する eat が共に目的語を伴っていない（目的語の省略を便宜上 φ で示してある）。(14b) は store と eat が共に目的語 (them) を伴っている。(14c) は store のみが目的語を省略している。そして (14d) は eat のみが目的語を省略している。英語母語話者からの回答結果は、各例文の [ ] 内に示した通りである。

(14) a. To ripen melons, keep them at room temperature for a few days, when ripe store φ in the fridge and eat φ as soon as possible. (= (11)) [10 名中 6 名が自然と回答]

b. To ripen melons, keep them at room temperature for a few days, when ripe store them in the fridge and eat them as soon as possible. [10 名中 7 名が自然と回答]

c. To ripen melons, keep them at room temperature for a few days, when ripe store φ in the fridge and eat them as soon as possible. [10 名中 2 名が自然と回答。ただし 2 名とも (14a, b) の方が自然と回答]

d. To ripen melons, keep them at room temperature for a few days, when ripe store them in the fridge and eat φ as soon as possible. [7 名中 5 名が自然と回答][3]

以下に英語母語話者からの主要なコメントを示す。(14a, b) 共に自然である。メロンの入れ物に掲載された文、商品の説明としての文、あるいは通常の発話ではない指示を表すような文では (14a) が好まれるが、通常の発話では形の上での目的語を伴った (14b) でなければならない。また、(14c) については目的語の有無についての一貫性がなく、不自然である、というコメントがあった。ここで重要なのは、(14c) を最も自然であると回答した英語母語話者はおらず、逆に不自然であるという回答の方が多いことである。自然であると判断された (14a) との唯一の違いは、(14c) では eat が目的語を伴っている、ということである。このことから、(14c) は他動詞 eat が形の上での目的語を伴っていることこそが原因で不自然になる、と結論付けることができる。(14c, d) の後半は共に、接続詞 and で結ばれているため、本来ならば、同じ形をしているべきである。しかし、等位構造をなしていながら、目的語の省略という点で一貫性がない。一見、この不統一が (14c) の不自然さの要因であると思われる。しかし、統語構造の観点から、and によって結ばれた二つの動詞句の目的語省略において一貫性がない点では、その不自然さは同じ程度であると思われる (14d) の方が、実際は (14c) より多くの英語母語話者が自然であると回答している点が注目に値する。通例、特にレシピにおいては、情報が伝達されていく際、発信者は、十分に受信者に理解されると判断する要素を省略する。そしてこのことは、レシピというジャンルの特徴で、発信者と受信者に共通に理解されていると考えらえる。しかし (14c) では、一度省略された目的語が、再度 them として現れていることが、一度省略された要素はその後も省略されるだろう、という受信者の予測に反するため、不自然であると感じた英語母語話者が多かったと考えられる。従って、(14c, d) の自然さの差における決定的な要因は情報構造上のものであると考える。

第二に、ラベル表示の文脈について議論する。レシピ同様、ラベルの文脈においても、通常の発話とは異なった振る舞いを見せる。

(15) [Printed on the package of a drying agent]
a. DO NOT EAT. (= (12)) [10 名中 8 名が自然と回答]
b. DO NOT EAT THIS. [10 名中 3 名が自然と回答。そのうち 2 名は (15a) の方が自然と回答]

対象物に印刷されている場合は、目的語を省略した (15a) タイプの方が自然である、というコメントが主要なものであった。(15a) と (15b) の自然さの対比から、対象物そのもの（あるいはその容器）に印字されたラベル表示の文脈では、他動詞 eat は目的語を「省略することができる」、というレベルに留まらず、むしろ「省略した方が自然である」と言うことができる。一般的に、ラベルというものはスペースの制約があり、使用者に短く簡潔に伝達内容を示す、ということが要求される。従って、より語数の少ない省略形が用いられる傾向があると考えられる。ラベルに記載する発信者、及びその受信者はこの一定のルールを共有している。また、英語母語話者は、目的語の省略された表記に慣れ親しんでいるため、文法性というよりはむしろ「そのように使われている」という慣習に従い、自然さを判断したのではないかと考える。

4. 英語教育への示唆

本節では、ここまでの英語学的な議論が、英語教育に与える示唆について、受信面及び発信面から論じる。

4.1. 英文解釈に関わる示唆

以下の (16) は、高等学校 2 年生用のある検定教科書の英文である。

(16) An observer noted, "She [= a bear] came out and got a fish, and pulled it back, and then she let the other one eat." The young female obviously cared for her brother [, and her support was crucial for his survival].

（下線は西脇による）

上記の英文が含まれる単元（Lesson）の文章は、動物の感情について英語で書かれたある文章から、一部を用いて、教科書用に再構成されたものである。ここで、下線を施したeatの解釈について検討したい。教師用資料によると、教科書作成側は、eatの形に現れていない目的語について、the fish/ itという定の解釈を提案しているようである。しかし、10名の英語母語話者は全員、定の解釈をするためには統語的な目的語を明示すべきである、と回答している。 eatの目的語を明示しないと、何を食べさせたのかが曖昧であり、混乱が生じる、というコメントが主流であった。以上より、本稿では、英語学的には不定の食べ物という解釈が主流である、という立場を取る。ただし、西脇(2011)が指摘しているように、(16)のような例は、eatの形に現れていない目的語の解釈について、英語母語話者によって定・不定に関して揺れが生じ得るものである、ということを付け加えておく（cf. (6)）。

本稿で議論している他動詞eatの目的語省略は、少なくとも高等学校の学習段階では、決して高頻度とは言えないが、教科書に現れる現象である。さらに、英語母語話者よって、判断に揺れが生じ得るものであり、その取り扱いについては専門家でさえも意見の一致を見ないものであるかもしれない。従って、作成側には十分な配慮が求められる。例えば、作成側が、学習者に配慮してitを本文中に挿入する、あるいは教師用資料に、何らかの解説を掲載することが考えられる。学習段階によっては、eatの目的語省略について理解を深めることも当然興味深いとは思うが、高等学校の現場における様々な制約を考えると、この英文を用いて学ぶべき優先事項は他にあるように思われる。ここでは教科書本文にitを挿入しておくべきであろう。このことは、本稿及び西脇(2011)から得られた知見を根拠としている。

4.2. 英作文に関わる示唆

Fillmore らが主張するように、他動詞 eat は常に目的語を省略できない、ということならば、話は単純である。学習者には、常に目的語を忘れないように、ということを示すだけである。しかし、この現象に対して、英語学の分野から「省略できる場合がある」という知見だけが示されると、教育現場は、たちどころに混乱に陥る。言葉の面白さのみを学ぶ余裕がふんだんにあれば、このような英語学側からの示唆は有難いかもしれない。しかし、現実はそうではない。従って、英語学の分野から英語教育の分野に提案をする際には、様々な方法・内容があろうが、「このようにしなければ、伝達したい内容が誤って伝わってしまうから『こうすべきである』」ということや、「このようにしなければ、間違ってしまうから『こうすべきである』」ということが盛り込まれると有益である。

本稿で議論してきた他動詞 eat の目的語省略における英語学的な知見が、「省略できる場合がある（が、しなくてもよい）」で終わってしまうと、それならば多少の不自然さは残るかもしれないが、Fillmore らの記述を根拠として、すべての場合で目的語を明示する、とすればよい。しかし事実は、3 節で議論したように「省略すべき場合がある」である。それならば、レシピで等位接続の構造を使って行為を列挙するとき、あるいは、ラベル上で発信するときには注意を要する、ということを伝え、この他は目的語を必ず明示するべきである、とすると、より負担の少ない形で学習者に提示できる。また、ジャンルによって言語使用が異なることへの意識にも繋がる（当然、学習者の学習段階に応じて、何をどのように伝えるかを見極める必要がある）。本質まで掘り下げることで、明示的に実用的な示唆を与えることが可能となる。強調しておきたいことは、学習者に伝達できる形にまで整えて示すことで、教育現場にとって有益な提案となる、ということである。

5. まとめ

本稿では、他動詞 eat が目的語を「省略できる場合」を超えて「省略すべき場合」があることを実証的に論じた。また、その知見が、英語教育においてどのように貢献できるか、という可能性について、英文解釈と英作文の観点から議論した。

一方で課題も残る。本稿では eat に限定し論を展開した。今後、eat と同じ類に属すと考えらえる drink や read などの他の動詞にも対象範囲を広げ、共通点と相違点を明らかにすることで、より一般化された主張を行いたい。また、その事実の背後にあるメカニズムについての明快な説明のために、理論的側面も強化したい。

註

* 本稿は、西脇 (2017) の一部に加筆・修正を加え、さらに英語教育からの視点を新たに付け加えたものである。

(1) 西脇 (2011) では、(13) は安定して定の目的語省略を許す例とされているが、少なくとも本稿においては、(13) の形に現れていない eat の目的語に対して、後に示す 10 名中 6 名のインフォーマントは、目的語を明示する方がよいという判断をしている。このことから、(13) は西脇 (2011) の言う「定の解釈に関し母語話者間で揺れが生じる不安定な文脈」に格下げすべきである。従って、本稿の今後の議論では扱わないこととする。

(2) 協力いただいたインフォーマントの出身・性別・年齢は以下の通りである：①アメリカ・男・61 歳、②オーストラリア・女・74 歳、③アメリカ・男・66 歳、④オーストラリア・女・33 歳、⑤アメリカ・非公開・58 歳、⑥オーストラリア・男・45 歳、⑦アメリカ・男・41 歳、⑧イギリス・男・71 歳、⑨アメリカ生まれオーストラリア育ち・男・63 歳、⑩アメリカ・男・30 歳。

(3) 10 名の母語話者のうち、7 名からの回答が得られた。

参考文献

Allerton, D. J. (1975) “Deletion and Proform Reduction.” *Journal of Linguistics* 11, 213-237.

Culicover, P. W. and R. Jackendoff. (2005) *Simpler Syntax*. New York: Oxford University

Press.

Fillmore, C. (1986) “Pragmatically Controlled Zero Anaphora.” *BLS* 12, 95-107.

Fraser, B. and J. R. Ross. (1970) “Idioms and Unspecified NP Deletion.” *Linguistic Inquiry* 1, 264-265.

Grice, H. P. (1975) "Logic and Conversation." In P. Cole and J. L. Morgan eds., *Syntax and Semantics 3: Speech Acts*, 41-58. New York: Academic Press.

Groefsema, M. (1995) “Understood Objects: A Semantic/Pragmatic Approach.” *Lingua* 96, 139-161.

Haegeman, L. (1987) “The Interpretation of Inherent Objects in English.” *Australian Journal of Linguistics* 7, 223-248.

Huddleston, R. and G. K. Pullum. (2002) *The Cambridge Grammar of the English Language*. Cambridge: Cambridge University Press.

Lehrer, A. (1970) “Verbs and Deletable Objects.” *Lingua* 25, 227-253.

Levin, B. (1993) *English Verb Classes and Alternations*. Chicago: University of Chicago Press.

Massam, D. and Y. Roberge. (1989) “Recipe Context Null Objects in English.” *Linguistic Inquiry* 20, 134-139.

西脇幸太 . (2011)「動詞 Eat の Missing Object －中核的な解釈と周辺的な解釈－」『英語語法文法研究』第 18 号 , 110-124.

西脇幸太 . (2017)「他動詞 eat が目的語を省略すべきとき：有標形を支える原理」『英語語法文法学会第 25 回大会予稿集』(2017 年 10 月 21 日 , 於：専修大学), 24-31.

Onozuka, H. (2007) “Remarks on the Causative Verbs and Object Deletion in English.” *Language Sciences* 29, 538-553.

Quirk, R., S. Greenbaum, G. Leech, and J. Svartvik. (1985) *A Comprehensive Grammar of the English Language*. London: Longman.

Rice, S. (1988) “Unlikely Lexical Entries.” *BLS* 14, 202-212.

Ross, J. R. (1967) *Constraints on Variables in Syntax*. Ph.D. dissertation, MIT.

安井　稔 . (1995)『納得のゆく英文解釈』東京：開拓社 .

文における本来語と外来語の役割関係

堀江　淳之助

はじめに

英語は5世紀の中頃にブリテン島に侵入してきたアングロ人やサクソン人などが話す言葉を本来の言葉として、その後フランス語やラテン語・ギリシャ語、あるいはフランス語を通したラテン語やその他の言葉が採り入れられて変化してきた。本来語であるアングロ・サクソン語に由来する言葉と、ラテン語を中心とする外来語にはその響きや言葉の持つ雰囲気には異なるものがある。アメリカの作家 Corrine Jackson はアングロ・サクソンに由来する言葉に対して、具体的、短音節、ぶっきらぼう、身体で表現するような、感情的（concrete, shorter, guttural/blunt, "of the body", feeling words）などの語を列挙し、一方外来語としての主体であるラテン語由来の言葉については、抽象的、多音節、言い回しが高尚、精神的な、思慮深い（abstract, polysyllabic, elevated diction, "of the mind", thinking words）などの語を列挙している。[(1)] 豊田 (1991:57) は、「あえて英語の語彙を一般化すれば、本来語は具体的、身近で暖かい感じを与えるのに対し、外来語は抽象的、よそよそしくとっつきにくい語といえようか。簡潔に直情を述べるには、短く力強い本来語を用いるのがよい。」と述べている。

このような違いを持つ言葉については古くから、英語の辞書の見出し語について本来語と外来語に区別したときの比率や、実際に使われた際の言葉をひとつひとつ本来語と外来語に区別したときにその比率がどのようなものであるかがしばしば話題にされ、また調べられている。この比率の調査をたどるときに何人もの学者から言及されているのが、George Hickes、Sharon Turner、Richard C. Trench、O. F. Emerson といった先人たちである。[(2)]

本稿ではこれらの先人たちの研究がどのような結果を示しているのかについて簡単に振り返り、おのおのの調査あるいは著述などを通じて、本来語や外来語がどのように捉えられていたかを見つけることとしたい。また、一般的に表した場合の本来語や外来語の特徴ではなくて、著作物のひとつの段落や、名言とされているような表現のように、比較的短い表現において本来語と外来語の対比がどのような役割や関係をもっているのかについても探ってみることにする。

1 Hickes、Turner、Trench、Emerson の本来語に対する考え方

かつてアメリカで発行されていた週刊の総合情報誌である *The Literary Digest* の 1913 年 1 月 25 日号の 203 ページに "The Lexicographer's Easy Chair" という言語の正しい使い方に関する読者からの質問に答えるというコラムがあり、例えば Digest のアクセントはどのシラブルにあるのかとか、oleomargarin[*sic*] の中の g はハードかソフトか（ガかジャか）などの質問が寄せられている。質問のひとつに、現在使われている英語の言葉の起源の概数を教えてほしい（Can you give me an approximation of the origin of the English language as used to-day?）という質問があり、その回答として次のような説明がされている。

> この種の概算は何人かの手によってなされているが、著名なものとして 17 世紀に George Hickes が行ったものがあり、彼は「主の祈り (Lord's Prayer)」に基づく結果として、9 割はサクソン由来としている。イギリスの歴史家である Sharon Turner(1768 ～ 1847) はノルマン語系とサクソン語系の比率は 4 対 6 と推定している。Dean Trench はサクソンが 60%、フランス語を通して受け入れられたものも含めてラテン語が 30%、ギリシャ語 5%、その他 5% と算定している。ただし、これらは実際の言語使用を反映しているとは言いがたいので精度は疑問であるとされる。
>
> 英語が使われている様々な状況で日常的に使われている約 2 万語の起源の調査では
>
> Anglo-Saxon and English………… 3,681
> Low German……………………… 126

⋮

French from Latin ………………… 4,842

⋮

Unknown ……………………………… 12

Total……………………………… 19,160

実際の記事では Anglo-Saxon and English から Unknown まで全部で 34 種類の語源に分けて示されている。

この記事はすぐに他誌でも取りあげられ、*The Classical Weekly* の同じ年の 3 月 8 日号にこの雑誌の論説と思われる記事があり、「英語におけるラテン語要素の相対比率はどのようなものかとの質問をよく受けるが（I have often been asked about the relative proportion of the Latin element in English speech.）、*The Literary Digest* の 1 月 25 日号には次のような回答がある」として、同じ説明が紹介されている。これら二つの記事とも読者からの質問に答えるという流れになっている。しかも *The Classical Weekly* では、常にではないもののかなりの頻度で質問があったようである。質問者の意図の詳細を知ることはできないが、英語の起源の構成や、ラテン語起源の言葉の比率に興味があるということは、それだけアングロ・サクソンという言葉にも普段の生活から知らずのうちに意識がいっていることも想像できる。一般の人たちもアングロ・サクソン語由来の本来語とラテン語由来を中心とする外来語の比率に興味を持っていたことが想像される。

この 2 万語の整理は、Vizetelly によってなされたことが Ullman(1922:83) に記載されている。Vizetelly(1915) は *Essentials of English Speech and Literature* を出版していて、162 ページから 164 ページにかけて上の記事とほとんど同じ内容を記載している。しかも約 2 万語は *New Standard Dictionary* から抜き出したとしている。Vizetelly はその著書の中で "When some of us speak of the English language as a language we are prone to refer it proudly as the Anglo-Saxon tongue,..." と、proudly という言葉を使ってアングロ・サクソン語に言及している。本来語に対する熱い思いを代表していると考えられないだろうか。

本来語と外来語の比率の探索の古いものでは George Hickes の仕事がある。Hickes はイギリスの聖職者でありアングロ・サクソン語の研究をしたことでも知られている。アングロ・サクソン語の著作はラテン語で書かれていて、英語で書かれたものは見つけられなかった。Hickes の仕事については "Lord's Prayer" に基づく簡単なものだけである。"Lord's Prayer" は「主の祈り」と言われ「天にまします我らの父よ」で始まるよく知られた祈祷の言葉である。それほど長くないので以下に、1662 年版英国聖公会祈祷書の英文を示す。

> Our Father, which art in heaven, hallowed be thy name; thy kingdom come; thy will be done, in earth as it is in heaven. Give us this day our daily bread. And forgive us our trespasses, as we forgive them that trespass against us. And lead us not into temptation; but deliver us from evil. For thine is the kingdom, the power, and the glory, for ever and ever. Amen.

本来語と外来語の比率を求めるという最初の試みであったのかもしれない計測は「主の祈り」の中のラテン語起源の言葉を選び出すことであった。こうして trespasses、trespass、temptation、deliver、power、glory の 6 語がラテン語起源（Amen も外来語ではあるがその取り扱いは人によって異なる）であるので、その結果 90％が本来語という結論が出された。しかしながら、この「主の祈り」については研究者によっていろいろな分析結果が示されている。例えば語数は 60 語とする研究者もいれば 67 語とする研究者もいる。上に示した英文では Amen まで含めて 70 語となっている。Hickes が「主の祈り」のどの版に基づいて検討したのかはわかっていないようなので、Hickes の仕事については本来語と外来語の比率の評価に短いながらも実際の文章を使って具体的にその方法を示したという功績を認めることで十分である。

Turner はイギリスの歴史家であり、*History of the Anglo-Saxons* を残している。アングロ・サクソン語に対する Turner(1852:379) の考えは次のようである。"This language has been thought to be a very rude and barren tongue, incapable of expressing any thing but the most simple and barbarous ideas. The truth, however, is, that it is a very copious language, and is capable of expressing any subject of human thought.” アングロ・サクソン語が言語として豊富なものであり、我々が考えるどのようなことも表現しうるということを、Shakespeare、Milton、Swift、Hume といった著名な 15 人の作品のそれぞれから 100 語程度の数文を抽出し、サクソン語 (3) 由来の語をイタリック体にして実際に示している。しかしながら具体的なパーセンテージでは示していない。Turner はイタリック体にならない語、すなわち非サクソン語に対してもほとんどはサクソン語に置き換えることができることを強調している。Turner はサクソン語の豊富さと力強さを訴えるために 15 人の作品を使ったのであって、本来語と外来語の比率につなげるようなことは考えていなかったようにも思える。Turner の本来語に対する思いは、サクソン語と他の言語との間に親和性あるいは類似性のある言葉が存在することを、それがまるでバベルの塔が崩壊する以前に人間が持っていた、生きることの心の奥底からの叫びの痕跡が残されたかのごとく捉えていることからもうかがい知ることができる。

Trench(1855: 11) は著書の中で、英語の言葉を 100 に分割するとしたら、60 はサクソン語、30 がフランス語を通じてのものも含めたラテン語、5 はギリシャ語、残りの 5 はその他となることを提唱した。当然ながらこれらの比率は信頼できるものではないとされている。しかし Trench は言葉が静止している辞書による比率は、言葉が動いている実際の文章による比率とは著しく異なるものであることを指摘し、そこから見えてくるものとして次のような結論を与えている。「サクソン系は英語のひとつの要素ではなく、むしろその基礎・基盤である。文法的構成は言うに及ばず冠詞、代名詞、接続詞、前置詞、数詞、助動詞の卓越した体系、文を構成する基本的な言葉（彼はこれらを small words と呼んでいる）、これらはほとんどすべてサクソン系である。ラテン系は、人間の思考という精神的建築物の良質の磨かれた建築材となっているが、それらを合わせつなぎ家を構成するのはすみずみまでサクソン系である。」そして John Selden の *Table Talk* の中から “We borrow words from the French, Italian, Latin, as every pedantic man pleases." を引用している。このことからは「ラテン語からの言葉は学者ぶっているようなものだけが必要とするものであって、我々のような普通の人間はアングロ・サクソン語からの言葉で十分である」という思いが裏に感じられる。

最後に Oliver Farrar Emerson について言及しておく。Emerson (1910: 125-135) は、Turner と同様に著名な作家などの著書から 100 語程度の文章を取り出し、実際に本来語の割合を提示した上で、辞書の見出し語で調べればその数は外来語が本来語を圧倒している、しかしながらそのことによって本来語が日常生活においても、また文学作品の世界においても基盤的な位置にあることを見過ごしてはいけない、それが本来語の真の位置である、と強調している。辞書というのは特別な知識分野には使われているが、すぐれたスピーチや文学作品には現れない多くの外国語を含んでいると主張している。しかも辞書には本来語の複合語、例えば、rose では、rose apple、rose bug、rose burner、rose camphor、rose campion は辞書の見出し語にはなっていない、また句動詞も見出しにはないことを例示して、本来語に対する辞書の不合理さを非難している。また、本来語は代名詞、前置詞、接続詞、さらには基本的な名詞、形容詞、動詞などの語を多く含み、それらは頻繁に使われる語であるので辞書を使った見出し語による比率の推定は、本来語に対して不公平な方法であると考えている。

Emerson は、本来語は英語の基盤であり、枠組みを与えるものであると同時に、簡潔な力強い表現というものが代名詞や前置詞、接続詞などの語を含めて成り立つということを忘れてはならないと訴えているのである。

上で述べた 4 人の先駆者たちの方法はいずれも主に作家たちの作品の一部を抽出して本来語と外来語の関係を調べるというものである。彼らは本来語が多く使われているということの証拠としてその方法を用いたが、一般に受け入れられたものではなかった。彼らの方法は比較的短い表現から本来語と外来語の関係を調べるというものであるが、比率の推定のほかに何か知ることはないのか、この観点で短い表現を見てみる。

2 チャーチルとチャップリンの演説にみる本来語と外来語の関係

下に示したのは 1940 年 6 月 4 日にイギリスのウィンストン・チャーチルが議会で行った演説の結びの部分を抽出したものである。一般には "We shall never surrender" 演説などとして知られている。本来語と外来語の関係を探るという目的があるので、区別のために外来語にアンダーラインをつけてある。(4)

> We shall go on to the end, we shall fight in France, we shall fight on the seas and oceans, we shall fight with growing confidence and growing strength in the air, we shall defend our Island, whatever the cost may be, we shall fight on the beaches, we shall fight on the landing grounds, we shall fight in the fields and in the streets, we shall fight in the hills; we shall never surrender, and even if, which I do not for a moment believe, this Island or a large part of it were subjugated and starving, then our Empire beyond the seas, armed and guarded by the British Fleet, would carry on the struggle, until, in God's good time, the New World, with all its power and might, steps forth to the rescue and the liberation of the old.

上から 3 行目の右から 5 語目の we から始まり 5 行目の surrender で終わる箇所では street と surrender 以外はすべて本来語である。ただし street は寺澤(2006)によれば「もともとラテン語起源であるが、アングル人などがヨーロッパ大陸にいた時代にすでに借用されたものなので、事実上本来語といえる」ので本来語とみなすことにする。この部分は本来語の力強さにより訴える力を持っているといわれている。しかしながら 1949 年の実際の録音放送を聞くと surrender が強調されている。映画 *Darkest Hour* ではより明確に強調されている。チャーチルが戦うということに重きをおいたのか、それとも決して降伏はしないという点を重要視したのかは不明であるが、演説を聞く限りは「降伏せず」に力が込められているともいえる。筆者の考えでは、それは強く簡潔でテンポのよい、本来語の連続の後のラテン語の言葉は強調されやすいとの一つの証拠である。

同じような状況での演説にチャーリー・チャップリンの映画 *The great*

dictator（1940年11月ロンドン初演）の終わりの部分の演説がある。兵士に向かっての演説の終盤を外来語にアンダーラインをつけて以下に示す。

> By the promise of these things, brutes have risen to power. But they lie! They do not fulfil that promise. They never will! Dictators free themselves but they enslave the people! Now let us fight to fulfil that promise! Let us fight to free the world - to do away with national barriers - to do away with greed, with hate and intolerance. Let us fight for a world of reason, a world where science and progress will lead to all men's happiness. Soldiers, in the name of democracy, let us all unite!

この演説では最後のuniteで演説者と聴衆である兵士たちとの共感性が最高潮に達する。この言葉の前では本来語が多いということはないけれどもここに至るまでの文や節は短く簡潔で、その最後にラテン語由来の言葉が来ている。本来語のようなテンポのよさが感じられる表現の後のラテン語由来の言葉が演説者の訴えるすべてを担っているかのような役割を演じている。

チャーチルの演説での本来語の役割と合わせると、本来語を中心とする簡潔な表現の連続のあとのラテン語由来の言葉は作者の訴えたいことを一言で表す、という仮説を与えている。

チャーチルの演説もチャップリンの演説も不屈という点では一致している。もう一つ不屈につながる例を少し古いがジョン・ミルトンの『失楽園』から抽出してみる。しばしば名言としても引用されることのある、第1巻の105行から108行にかけての文である。

> And shook his throne. What though the field be lost
> All is not lost, th' unconquerable will,
> And study of revenge, immortal hate,
> And courage never to submit or yield
> And what is else not to be overcome?

叙事詩であるからそれぞれの行の長さは固定されている。上の文は、上下左右の連続している本来語を一緒にして線で囲んだものを示している。これを平面図と見なせば、まさに Trench が示唆したように本来語が家の周囲の外壁をなし、throne という門を有し、though という窓がある。内部は適当に質素な基本調度品が置かれ、それ以外は外来のものが配置されている。本来語は力強く家の基礎構造体の役割を果たし、外来語はラテン語由来の言葉で高尚で思慮深い感情を表す役割を果たしている。語の配置の形式としては、本来語が分散せずに連結した形とみることができる。

次に示すのはアメリカの独立宣言のはじめの段落である。同じように本来語以外の語にはアンダーラインをつけてある。

> When in the Course of human events, it becomes necessary for one people to dissolve the political bands which have connected them with another, and to assume among the powers of the earth, the separate and equal station to which the Laws of Nature and of Nature's God entitle them, a decent respect to the opinions of mankind requires that they should declare the causes which impel them to the separation.

冠詞、代名詞、前置詞、接続詞などの機能語を除くと本来語は become, earth, law, God, mankind の 5 語だけであり、動詞、名詞、形容詞はほとんど外来語であり、複雑で難解な文章との印象は免れない。語のみでなく、例えば 1 行目で history で代えることができると思われる Course of human events を使ったり、また上の文のように非常に長い文であったり、文章そのものがよそよそしくとっつきにくいものになっている。広く世に高らかに宣言するという役目をもった文書であることから高尚な語を使うことはやむを得ないことかもしれないが、本来語が少ないことでその役割は十分に果たしている。

3 文にみる本来語と外来語の関係

もっと短い表現はいわゆる名言とされている文言に多い。以下、モールス（編）（2002）の助けも借りながらウィリアム・シェイクスピアを出典とする名言を選んで本来語と外来語の関係を探ってみる。ただしモールス（編）（2002）には詳細な幕場や原文は示されていないので原文の引用箇所は筆者の責任による。英文には本来語ではない語にアンダーラインを付してある。また、（　）内に筆者の考える本来語と外来語の位置関係の型を示す。[5]

1. 過去は序言である。（『あらし』第2幕第1場）
   What's <u>past</u> is <u>prologue</u>.(外来語だけで意味が理解できる外来語単独型)
2. 真実は悪魔を赤面させる。（『ヘンリー四世』第3幕第1場）
   By telling truth. Tell truth, and shame the Deuill.（本来語だけの強い言い回しとなる本来語単独型）
3. 悪い例から悪いことを学ばないで、改める習いをお教え下さいますように！（『オセロウ』第4幕第3場）
   Not to picke bad, from bad; but by bad, <u>mend</u>.（本来語による状況説明と最後にある外来語による主張という外来語後置単独型）
4. 貧しくても満足しているものは豊かです。ほんとうの金持ちです。（『オセロウ』第3幕第3場）
   <u>Poore</u>, and <u>Content</u>, is rich, and rich enough.（名言としての解釈とすると、外来語だけで言わんとする意味は把握できる。後半の本来語は文章的なバランスをとるためあるいは補足的な役割としてある。外来語単独型）
5. 生きるべきか死すべきか、それが問題だ。（『ハムレット』第3幕第1場）
   To be, or not to be, that is the <u>Question</u>:（前半の本来語だけで言わんとしているところは十分通じる。後半の外来語は前半を支える役割をもつ。本来語前置単独型）
6. この空と大地には哲学の夢物語に出てくる以上のことがある。（『ハムレット』第1幕第5場）
   There are more things in Heaven and Earth, Horatio, Than are dream't of in our <u>Philosophy</u>.（自然の中にある普段は気づかない人智を超えた大切

なことやものを、自然に親しみ時には自然と闘いながら過去と未来につながる一日一日を生きる中で培われてきた本来語であらわし、しかも人間という小さな存在を一語で対比させる文章となっている。形式としては外来語後置単独型としてもよい。）

おわりに

おおよそ100語程度の記述を使って本来語と外来語の比率を算定することが150年ほど前には行われていたが、短い表現からは比率ではなく本来語と外来語の役割などの面からいくつかの関係性が見えていることが分かった。短い表現における本来語と外来語の関係を詳細につかみ、長文にどのように展開していくかなどは今後の研究課題である。また、短文を利用して本来語と外来語の位置関係に型を設定したが、この型については役割の型の可能性も含め、今後の課題でもある。

註

(1) Jackson, C.（2013）Tuesday Writing Tips: Anglo-Saxon vs. Latinate Diction, http://corrinejackson.co/wordpress/2013/04/23/tuesday-writing-tips-anglo-saxon-vs-latinate-diction?（2017年3月10日）

(2) Hickes、Turner、Trench については Marsh(1866: 89)、Vizetelly(1915: 163)、Kent(1923: 3) で言及されている。Emerson については石橋 (1973: 993) に引用されている。いずれも原文の紹介はされていない。

(3) アングロ・サクソン語あるいはサクソン語としているが、引用元の表記に従っている。

(4) 本来語と外来語の区別は、Oxford English Dictionary Online で語源として Old English の語を本来語とすることで行った。URL は次の通りである。
https://www.thefreedictionary.com/Oxford+English+Dictionary+Online

(5) 3. と 4. の日本語は菅泰男訳『オセロウ』（岩波文庫）による。

引用文献

Emerson, O.F.(1910) *The History of the English Language*, New York: The Macmillan Company.

Marsh, G.P.(1866) *Lectures On The English Language*, London: John Murray, Albemarle Street.

Trench, R.C.(1855) *English, Past and Present*, London: John W. Parker and son, West Strand.

Turner, S.(1852) *History of the Anglo-Saxons*, London: Longman, Browns, Green, and Longmans.

Ullman, B.L.(1922) *Our Latin-English Language*, The Classical Journal, Vol. 18, No. 2.

Vizetelly, F.H.(1915) *Essentials of English speech and literature*, New York and London: Funk & Wagnalls Company.

石橋幸太郎他 (1973)『現代英語学事典』東京：成美堂。

寺澤盾（2006）「英語を旅する　英語の発達（2）」 Asahi Weekly, June 25, 2006.

豊田昌倫（1991）『英語表現をみがく〈動詞編〉』東京：講談社。

モールス・マルー（編）(2002）『世界ことわざ名言辞典』 島津智（編訳）東京：講談社。

Lord's Prayer https://www.lords-prayer-words.com/lord_traditional_king_james.html[2019年3月アクセス]。

チャーチル演説文　https://winstonchurchill.org/resources/speeches/1940-the-finest-hour/we-shall-fight-on-the-beaches/[2019年3月アクセス]。

チャーチル録音放送　https://www.youtube.com/watch?v=MkTw3_PmKtc[2019年3月アクセス]。

チャップリン演説文　http://www.awakin.org/read/view.php?tid=781[2019年3月アクセス]。

III

談　話

発話末の *though* が表す対人関係的意味 *

山﨑　のぞみ

1. はじめに

though は通常、書き言葉では文末には現れないが、話し言葉では頻繁に発話末に現れる。実際、話し言葉の *though* の大多数が、接続詞ではなく副詞として発話末で使われている (Lenker 2010: 208)。以下に一例を示す（*though* の音調が下降調で終わっている場合は(↘)、上昇調の場合は(↗)で示している)。

(1) I don't know exactly when I'll be back. It could be a while, *though* (↘).
(*Desperate Housewives*, S3, E16)[1]

このような発話末の *though* は、統語構造上は、節に統合された構成要素ではなく節の域外、つまり「周辺部」の要素と見なされる。

Biber *et al*. (1999: 851) や Haselow (2017: 189) は、発話末の *though* の使用を、会話のリアルタイム性という状況的要因と結び付けている。事前に発話を組み立てる準備時間がない会話では、メッセージの伝達が不十分あるいは不成功に終わりそうな場合がある。そのような場合、発話末は、次の発話かターン交替に移る前に談話調整を行う「最後の機会」(Haselow 2017: 203) になり得るという。(1) を例にとると、相手に別れを切り出している話者は、自らの「いつ戻るか分からない」という発話が「早いこともある」という推論を含意することに気づく。それを否定するために「しばらくは戻れないかも」と一見、相反する内容の発話を行うが、発話末の *though* は、それが発話の矛盾ではなく自己修正であることを示している。

しかし発話末の *though* は、時間に余裕があれば発話頭に置かれていたかもしれない *but* などの替わりと考えるだけでよいのだろうか。本稿では、発話末の *though* は、談話の再調整といった会話のリアルタイム性を反映した機能を持つだけでなく、人間関係への配慮や影響といった話者同士の対人関係的な側面とも密接に関わっていることを明らかにしたい。

2. 話し言葉研究における発話末の *though*

発話末の *though* の働きを考えるにあたり、2.1 節では、話し言葉研究で議論されている発話の「周辺部」という概念について、2.2 節では、先行研究で明らかにされている発話末の *though* の談話機能について概観する。

2.1 発話の「周辺部」

発話末は、発話頭とともに発話の「周辺部」を構成する。周辺部は中核部（コア）と対立する概念であり、節を構成する統語要素として位置づけられない離節的で付加的な要素を指す。発話頭は左周辺部 (left periphery, LP)、発話末は右周辺部 (right periphery, RP) とも呼ばれる。例えば、(2) の息子の発話に周辺部要素が見られる。

(2) Father: Susan Mayer told me she gave you some money to go to Utah.
Son: <u>*Yeah*</u>, <u>I had no idea where to look for you</u>, <u>*though*</u> (↘).
左周辺部 (LP)　　　中核部（コア）　　　右周辺部 (RP)
(*DH*, S2, E10)

周辺部に現れる言語表現は限られており、発話頭、発話末のそれぞれに現れる典型的表現も異なる。*well, you know* などの談話標識 (discourse marker) は発話頭、発話末の両方に使われるが、発話頭にはるかに多く現れる (Traugott 2016: 27)。一方、ほぼ発話末に限定される表現には、*didn't he?* などの付加疑問や、*and stuff like that* などの ‘general extender’ (Aijmer 2013) と呼ばれるものがある。*though* や *then, anyway* など連結副詞類は、書き言葉では普通、文末には現れないが話し言葉では頻繁に発話末で使われる。

周辺部の要素は、修飾・階層関係から成る統語構造に統合されておらず、完結した発話に付加されているだけである。それ自体、概念的意味を持たないため単独で用いても意味を成さず、言い換えれば、なくてもその発話の命題的意味にほとんど影響を与えない。そのため書き言葉に基づいた伝統的な文法では、周辺部要素は分析不能要素として考慮外に置かれてきた。

しかし会話の言語使用を明らかにするためには、「文法」を文や節の形式的構造面から考えるだけではなく、話者同士のやりとりや対人関係などコミュニケーションに関わる側面も包摂した動的で広い捉え方をする必要がある。このような言語観の元では、発話の周辺部は、「コア文法」から外れたマイナーな要素が現れる場所ではなく、話者が語用論的、相互行為的なタスクを行うための重要なスペースとして認識されている (Carter and McCarthy 1995, Haselow 2017, Traugott 2017)。

2.2 発話末の *though* の談話機能

though は歴史的に常に副詞と従属接続詞という二つの品詞機能を持っていた。Lenker (2010) によると、OE *þeah* はその両方に使われていたが、中英語から 20 世紀初頭か半ばくらいまでは、副詞として使われるのはまれで、ほとんどが従属接続詞だったという。20 世紀半ば以降、話し言葉において再び副詞としての使用が増加し、発話末の *though* は特に 1990 年代に急増した (Lenker 2010: 201)。現在では接続詞より副詞の使用が上回る。

従属接続詞の *though* と副詞の *though* は、その典型的な使い方や機能は異なる。接続詞の *though* は主節に対する従属関係を表し、命題レベルでの譲歩を示す。(3) のように従属節が主節に前置する場合が典型的である。

(3) (Narrator) And *though* it only lasted a moment, Jim caught the look that passed his date and the doctor. (*DH*, S2, E12)

一方、従属節が主節に後置する場合、(4) のように、「もっとも～だが」「でも」と対比的な事実を付け加える等位接続詞的な使い方が増える。

(4) Susan: So back to the chemo. How’s that been?
Lynette: Yeah, so far … not that bad. *Though* I did have to kick Tom out yesterday. (*DH*, S4, E2)

このように対比関係を並列的に示す使い方は、(5) のような発話頭で用いられる副詞の *though* と区別があいまいになることがある。[2]

(5) There you are! *Though* I don't know why I'm surprised. It's where you've been the last three days. (*DH*, S8, E4)

副詞の *though* は典型的には、上記 (1)(2) のように発話末で使われる。副詞の *though* は、命題間の譲歩関係を明示的に示す働きは薄れ、「でも」「もっとも」と、発話行為など談話レベルでの対比を並列的に示すマーカーとして働く (Lenker 2010)。(5) の *though* は「そこに居ることに驚きはしたが」(*There you are!*)、(2) も「お金をもらったことを認めるが」(*Yeah*) という直前の発話の発話行為との対比を並列的に示している。

まとめると *though* は、接続詞（接続詞節が前置）→ 接続詞（接続詞節が後置）→ 副詞（発話頭）→ 副詞（発話末）の順に、従属的な譲歩関係（命題レベル）を示す働きが次第に薄れ、並列的な対比関係（談話レベル）を示す働きがより大きくなる。つまり発話末の *though* は、単に対比的なつながりを並列的に示す、つなぎとしての役割を顕著に表す。このような役割から、(1) に見られるような発話の自己修正の機能や、*One thing, though.* (*DH*, S1, E13), *Kind of a coincidence, though.* (*DH*, S8, E20) という発話に見られるようなトピックの転換という談話機能が指摘されている (Lenker 2010)。

3. 発話末の *though* の対人関係的意味

第 3 節では、並列的な対比関係を示す発話末の *though* がどのような対人関係的意味を表出しているのかということを、実例を分析することによって明らかにする。

発話末の *though* は、図 1 に示すように、*though* を伴う発話 (Y) とその前の発話 (X) を、相反する関係として後から振り返ってマークする。言い換えれば *though* は、X を認めた上で、Y を、X と両立はするが対立的な発話として遡及的に位置づける手続き的な役割を持つ (Barth-Weingarten and Couper-Kuhlen 2002, Haselow 2014)。この二つの側面から発話間の関係を振り返って定義づけることによって、対人関係に関わる様々な意味を生み出していると思われる。

図 1. 発話末の *though*[3]

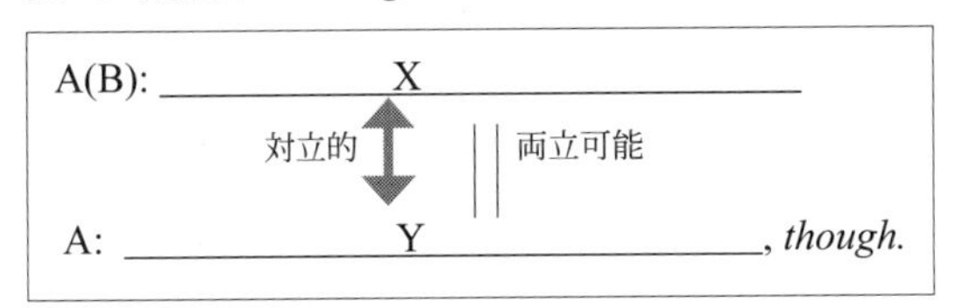

1. Y は X と対立的である。
2. X を認めており、Y は X と両立可能である。

(1)' I don't know exactly when I'll be back. It could be a while, *though*.
X　Y

(*DH*, S3, E16)

以下では、図 1 のような発話末の *though* を、2000 年代初頭のアメリカのテレビドラマ *Desperate Housewives* (*DH*)（邦題『デスパレートな妻たち』）から抽出し、状況や人間関係などの文脈・背景を考慮しながら、*though* の対人関係的な意味を調べた。調査によって、X が相手のフェイス（面子）を脅かす発話行為の場合と、Y が相手のフェイスを脅かす発話行為の場合の大きく 2 タイプに分けられたため、以下、その順に見ていく。

3.1 X が相手のフェイスを脅かす発話行為の場合

発話末の *though* は、話者が、相手のフェイスをつぶすような発話行為 (X) を行った場合、そのことを認めて、謝罪や礼によってその行為を軽減する場合にしばしば使われる。例えば、相手からの申し出や誘いを断った場合に使われる慣用表現 *Thank you, though.* (*DH*, S2, E17 など) はその 1 つである。*though* によって、話者は自らの発話行為 (X) が依頼者のフェイスをつぶしたことを認めていることを示し、*thank you* という礼と共にその行為を軽減している。その他、写真を手に息子を探す母親に対して、話者は「知らない」(X) と答えるが、その後に付け加えた写真を誉める表現 *Good-looking one, though.* (*DH*, S3, E3) の *though* も、力になれず相手を落胆させる心苦しさを表し、自らの発話行為を軽減するために使われている。また、相手に恋愛感情がないことを伝えた (X) 後の *You'll never lose my friendship, though.* (*DH*, S2, E5) という発話の *though* も同様である。いずれの発話末の *though* も、自らの X が相手のフェイスをつぶしたことを認めていることを暗に示すため、Y の感謝やお世辞の発話行為がより機能していると言える。

さらに下記の (6) では、相手のフェイスを脅かした後、自己弁護や取り繕いを行う際に *though* が付け加えられている。腎臓移植が必要な Susan の元に母親の Sophie が見舞いに来るが、ドナーになることを暗に拒否する母親の様子に Susan が落胆する場面である（母親自身も病魔に侵されていてドナーになれないのだが、娘にはそれを隠していた）。

(6) Sophie: MJ?
Susan: He's nine, Mom. You don't take a kidney out of a 9-year-old.
Sophie: Well, it'd take care of that bed-wetting problem, *though* (↘), wouldn't it? (↗) (*DH*, S7, E12)

Sophie はドナーの可能性として自分に話を向けられることを恐れて、Susan の息子で自分の孫である MJ から腎臓移植を受けることを提案 (*MJ?*) し、母親からのドナーの申し出を期待している娘のフェイスを脅かす。提案は即座に娘に否定され (*You don't take a kidney out of a 9-year-old.*)、反対に Sophie は自分のフェイスがつぶされるが、「(腎臓が 1 つなくなれば) MJ のおねしょが治るかもよ」(*it'd take ... problem*) と対立的な Y を出すことで、自分のフェイスを保持しようとする。しかし、Y の後の *though* によって、先行のやりとりが含意する「9 歳の子供から移植を受ける案はあんまりである」ことを話者が認識していることが表され、Y を本気で言っているわけではなく冗談で取り繕っているに過ぎないと理解される。このことは、*well* からの発話を Sophie が苦笑いしながら言っていることからも裏付けられる。

3.2 Y が相手のフェイスを脅かす発話行為の場合

X と相反する Y が相手にとって好ましくない内容や相手のフェイスを脅かすような発話行為の場合、発話末の *though* は、X を認めていることや X と Y は両立することを暗示するため、X と Y の対比や不調和の程度を軽減する機能を果たす。後から付け加えられた印象を醸し出す発話末という場所も、不調和の軽減に貢献していると思われる。例えば、ケイタリング事業を率いる女性が新米の同僚に意見を求めたところ、自分の案とは相容れない案を提案したので *It's interesting.* (X) *I can't really picture* (Y), *though.* (*DH*, S4, E12) と不賛成を軟らかく伝える時の *though* である。また高齢女性が、以前引き受けていたが大変で辞めていたベビーシッターを母親に頼まれて再度、快く引き受けた (X) 後、別れ際に *I'm gonna need a raise* (Y), *though.* (*DH*, S3, E20) と相手に不利な要求を付け加えるが、この *though* も同様である。

一方で発話末の *though* は、相手のフェイスを脅かす Y の対比的含意を間違いなく伝えるために、X と対立する事実を後から振り返って明確化する役割を果たすこともある。(7) は、若い夫婦が新米ブローカーに連れられて、売出し中の家の内覧に来ている場面である。夫の方は *It's nice.* あるいは *It's a pretty nice house for your first listing.* などと言って気に入っている様子を見せる。ブローカーは、夫のそのような発話 (X) と対比させて、黙ったままの妻に以下のように話を振っている。

(7) But Mrs. Bolen's been awfully quiet, *though* (↗). What do you think?
(*DH*, S6, E1)

ブローカーの「夫人は全く黙ったままである」(*Mrs. Bolen's been awfully quiet*) (Y) という指摘は X との対比によって家を気に入っていないという

含意を突きつけていることになり、妻のフェイスを脅かす。さらにこの発話は、発話頭に弱く発音された *but* があり対比的な話題の転換を示している。また発話末の *though* の前にはわずかなポーズがあり、コアな発話とは別の音調単位として高めのピッチで発音されている（通常は弱い発音でYの音調単位の最後に付け加えられる）。これらのことから、XとYの対比をある程度、明示的に示すことで、自分の不安を伝えて機先を制したいという話者の意図が窺える。実際、直後でブローカーは妻に *What do you think?* と明確に尋ねている。

以下の (8) の *though* も同様に、相手のフェイスを脅かすようなYを和らげながらもXとYの対立を明確化している。少女 Julie が何者かに暴行を受けて傷害を負う事件があった後に、近所の父親同士が通りで会話しているところ、Julie の交際相手 Danny の父親 (Nick) が通りかかった場面である。

(8) Tom: Danny must be pretty shaken up. He's … pretty close to Julie, isn't he?
Nick: I think we're all pretty shaken up.
Orson: Weren't they … uhm … dating, *though* (↘)?
Nick: No, no, just friends. She was helping him with some tutoring.
(*DH*, S6, E2)

父親たちは内心、Julie と交際していた Danny が犯人なのではと怪しんでいるが、Nick が息子と Julie の特別な関係を暗に否定した (*I think we're all pretty shaken up.*)(X) ため、*Weren't they ... uhm ... dating, though?* と言い淀みながらも対比的事実を突き付けている。この発話 (Y) につけられた *though* は、Danny は Julie と交際していたのにとりわけショックを受けているわけではないという矛盾を想起させるため、事件に関与している可能性を示唆し、Danny の父親のフェイスを脅かす。この発話の威嚇的なニュアンスの産出には、話者が父親に歩み寄りながら発していることや、*though* が下降調で断定的に発話されていることも寄与している。

上記のような相手にとって好ましくない内容のYは、ポライトネスの観点から間接的に述べられることが多い。そのような場合、相手に不都合な対比的内容のYを談話に導入した必要性と相まって、発話末の *though* は、Yのより具体化・明確化した内容の後続を予測させる。つまり、間接的に述べられたYの後の *though* は、発話の終わりを示すと同時に、XとYの対比関係の具体的な説明を予測させる機能も持っていると言える。上記(7)では後にYの理由を具体的に尋ねる質問が続き (*What do you think?*)、(8)は *though* を含む発話自体が質問なので、Yの具体化を相手にゆだねている。下記(9)では *though* が予測する具体的説明を話者自身が直後で行っている。これは、Lynetteが、子供の頃の継父 (Glen) との幸せな生活を奪ったことに対して母親を責めている場面である。

(9) Hey, Glen may have bored you, but the years we had a father in that house were the happiest of my life. You didn't care about that, *though* (↘), did you? (↘) You just drove him away. (*DH*, S3, E23)

話者は *though* を伴う発話で、継父との生活が話者にとって非常に幸福だったこと (X) と母親がそのことを気にかけなかった (*You didn't care about that*) (Y) こととの対比を母親に突きつけ、その後に「父を追い出した」(*You just drove him away.*) という、より直接的な表現で追い詰めている。発話末の *though* は、XとYの対比のより具体的な構図を予測させる機能を持ち、ここでは母親を追い詰める言語リソースとして活用されている。

4. おわりに

本稿では、発話末の *though* が発話と発話の対比的関係を並列的に示す談話調整機能を持つことを指摘し、さらに話者同士の対人関係的な意味の産出にまで関わっていることを示した。発話末の *though* は、その発話が、その前の発話と両立はするが対立するという二側面の関係づけを振り返って行うものである。発話末で使われることと、両立と対立の両方を含意す

るという *though* の特徴が、談話の調整だけではなく対人関係の調整や交渉を可能にしている。前の発話が相手のフェイスを脅かす場合と *though* を伴う発話が相手のフェイスを脅かす場合があり、発話間の両立と対立のどちらの関係性によりフォーカスを当てるかという選択が、話者の様々な対人関係的な配慮や交渉と関係していることを明らかにした。

註

* 本研究は JSPS 科研費 16K02907 の助成を受けたものである。

1 本稿の発話例はすべて、2000 年代初頭のアメリカのテレビドラマ *Desperate Housewives* (*DH*)（邦題『デスパレートな妻たち』）から取った。出典の S3, E16 は、シーズン 3、エピソード 16 を示す。

2 発話頭の *though* は形式的に全て接続詞と見なされることもある（Biber *et al.* 1999: 891）。

3 X の話者は、Y+*though* と同じ話者 (A) の場合もあれば、別の話者 (B) の場合もある。また、X が複数の話者によるやりとりのこともある。(1)' は同じ話者の場合である。

引用文献

Aijmer, K. (2013) *Understanding Pragmatic Markers: A Variational Pragmatic Approach*. Edinburgh: Edinburgh University Press.

Barth-Weingarten, D. and Couper-Kuhlen, E. (2002) “On the development of final *though*: A case of grammaticalization?” *New Reflections on Grammaticalization*. Eds. Wischer, I. and Diewald, G. Amsterdam: John Benjamins, 345-361.

Biber, D. *et al*. (1999) *Longman Grammar of Spoken and Written English.* Harlow: Pearson Education.

Carter, R. and McCarthy, M. (1995) “Grammar and the spoken language.” *Applied Linguistics* 16:2, 141-158.

Haselow, A. (2014) “Sequentiality in dialogue as a trigger for grammaticalization.”

Grammaticalization: Theory and Data. Eds. Hancil, S. and Konig, E. Amsterdam: John Benjamins, 203-233.

Haselow, A. (2017) *Spontaneous Spoken English: An Integrated Approach to the Emergent Grammar of Speech*. Cambridge: Cambridge University Press.

Lenker, U. (2010) *Argument and Rhetoric: Adverbial Connectors in the History of English*. Berlin: De Gruyter Mouton.

Traugott, E. C. (2016) "On the rise of types of clause-final pragmatic markers in English." *Journal of Historical Pragmatics* 17:1, 26-54.

Traugott, E. C. (2017) "A constructional exploration into 'clausal periphery' and the pragmatic markers that occur there."『発話のはじめと終わり — 語用論的調節のなされる場所』小野寺典子 (編), 東京 : ひつじ書房, 55-73.

リアルな話しことばをつかまえる *

吉田　悦子

1. はじめに：どちらがリアル？

リアル（real）とは、現実に存在し、実際の体験に基づき、本物（authentic）で、自然（natural）であることと同義である。では、「リアル」な話しことばには、どのような特徴があるのだろうか。次の2つの抜粋は、いずれもヘアサロンと称される場所での会話のやり取りを取り扱ったものである。さて、どちらがよりリアルだろうか。ざっと読んで、当ててみよう。

抜粋1

[In the hair salon]

01A: Do you want to come over here?

02B: Right, thanks (3 secs) thank you

03A: Tea or coffee?

04B: Can I have a tea, please?

05A: Do you want any sugar?

06B: Er, no milk or sugar, just black thanks

07C: Right.

08B: I hate it when your hair just gets so, you know a bit

09　long [C: yeah] and it's just straggly

10C: Right.

11B: It just gets to that in-between stage [C: yeah] doesn't

12　it where you think oh I just can't stand it any more (2

13　secs) I think when it's shorter it tends to, you notice it

14　growing more anyway [C: mm] you know it tends to

15　grow all of a sudden . . .

抜粋 2

[At the hairdresser's]

01Jane: . . . Oh, yes, my husband's wonderful!
02Sally: Really? Is he?
03Jane: Yes, he's big, strong, and handsome!
04Sally: Well, my husband isn't very big, or very strong . . .
05 but he's very intelligent.
06Jane: Intelligent?
07Sally: Yes, he can speak six languages.
08Jane: Can he? Which languages can he speak?
09Sally: He can speak French, Spanish, Italian, German,
10 Arabic and Japanese.
11Jane: Oh! . . . My husband's very athletic.
12Sally: Athletic?
13Jane: Yes, he can swim, ski, play football, cricket and
14 rugby . . .
15Sally: Can he cook?
16Jane: Pardon?
17Sally: Can your husband cook? My husband can't play
18 sports . . . but he's an excellent cook.
19Jane: Is he?
20Sally: Yes, and he can sew, and iron . . . he's a very good
21 husband.
22Jane: Really? Is he English?

Carter (1998: 45-46)

すぐに気づくことだが、ヘアサロンにしては、導入部は、どちらの抜粋もその場所らしい内容ではない。抜粋 1 ではお茶を勧めるやり取りで始まるし、抜粋 2 では、最初から最後まで 3 人の女性は互いに自分の夫についての話題を提供しながらおしゃべりに興じている。

しかし、抜粋1のやり取りでは、途中からCが登場すると、話題は一変する。Bはすぐに「伸びて、まとまらない (*long* (09); *straggly* (09))」という自分の髪の現在の状態について話し始め、Cはひたすら聞き役である。抜粋1の [C: Yeah]（2回）はあいづち（back-channel）で、Bの話には割り込まないことから、Cはスタイリストで、Bが客であると推察できる。会話は、スタイリストと客という役割の上に成り立っており、サービス業務のありふれた一場面である。一方、抜粋2は、省略や文断片 (*Is he?*)、問い返し（*Pardon?*）談話標識 (*well*) など英語の話しことばの特徴を多く含んでいるが、果たして自然な会話かと問われると、明らかに不自然である。なぜそう思うのだろうか。

種明かしをしよう。2つの抜粋は Carter (1998) で取り上げられ、対比されたものである。抜粋1のやり取りは University of Nottingham と Cambridge University Press との共同プロジェクトで構築された CANCODE (Cambridge-Nottingham Corpus of Discourse in English) と呼ばれる自然会話データのコーパスから引用された転記テキストである。すなわち、「本物の」会話を書き起こした発話データである。[1] 一方、抜粋2は、世界的に有名な EFL 向けの英語のコースブックに掲載された創作会話である。[2] 創作だから、本物ではない。いや、本物らしい表現を意識しているとはいえるが、効率的に会話表現を修得するという教育上の目的がある。教育課程で修得すべき言語項目（ここでは *can* を使った平叙文（否定を含む）と疑問文の産出と応答）を効率的に導入することは、リアルな会話を実現することよりも優先される。本物の会話との違いは何だろうか。

2. リアルな話しことばの特徴

英語の話しことばの典型的な特徴は、会話の対人的機能を持つ表現が繰り返し使われることである。抜粋1に戻ろう。ここで見られるのは、談話標識 *right* (07, 10)、*you know* (14)、省略 *Tea or coffee?*(03)、主張を和らげる表現（hedges）、特に副詞の *just* がBの発話に連続して4回出現する。[3] すなわち 'your hair *just* gets so'(08), 'it's *just* straggly'(09), 'It *just* gets to that'(11), 'I *just* can't'(12) である。さらに *that in-between stage* はあいまいさ

を示す表現（vague language）である。また、すでに指摘したあいづちや、間（pause）の持続時間 '3 secs' なども記録される。習慣的で定期的な行為や出来事を描写する *tend to* は、'when it's shorter it *tends to*'(13), 'it *tends* to grow all of a sudden…' (14) のように反復され、話しことばで頻出する。また *a tea* (04) は通常文法では不適切である。[4]

一方で、抜粋 2 の英語は、主に効率的な質問応答のやり取りのモデルで構成される。あいづちによる重なりや冗長性は感じられない。法助動詞 *can* による平叙文（否定形含む）が反復され（*he can speak, he can swim, he can sew…*）、疑問文 *Can he…?* の産出と応答が整然としたパターンを形成している（07-09; 13-20)。類似のパターンとして、必要な語彙を確実に習得させるために問い返しによる反復（形容詞の *intelligent, athletic*）の工夫も会話に盛り込まれる（05-06; 11-12)。こうした配慮は、教育的には必要不可欠であるが、会話の特徴を備えていても、リアルとは言い難い。むしろ、その対極にあるといえる（Carter 1998: 46-47)。

様々なレベルで生じる反復は、会話の顕著な特徴である。リアルな話しことばにおいて、この「繰り返す」という特徴は語彙を再利用することである。[5] 多くの表現形式は繰り返し使われて文法化し、定型表現 (fixed expressions) として、新たな意味機能を獲得する。[6] とりわけ、発話者同士が同じ語句や節形式を共有し、質問や応答のやり取りに重ねたパターンを形成することが、お互いのラポール (rapport) という親密な信頼関係を創出するのに役立つことが指摘されている。[7] 会話の発話者が、ターン（発話順番）を重ねながら、反復によってやり取りを共同構築していく様を Carter and McCarthy (1997: 76) は 'conversational convergence'（会話の収束）と名付けている。[8] 次の抜粋を見てみよう（アンダーラインは反復された語句を、イタリックは反復された節形式を示す)。

(1) 88 <S01> She says he always does <u>lobster</u> and

89 <S02> Mm. Yeah. <u>Something else</u> nice

90 <S01> <u>something else</u> but *I've never had <u>lobster</u> there*

91 <S02> <u>lobster</u> and?

92 <S01> Prawn?

93 <S02> No.No.

94 <S01> *Scallops*?

95 <S02> *Scallops it might have been. Might have been scallops*.

96 <S01> *I've never had anything like that there*

(Carter and McCarthy 1997: 74)[9]

一連のやりとりから、ターンごとに語句の繰り返し *lobster, something else, scallops* の連鎖によって、談話の話題が変化していることがわかる。すでに使われた節形式 *I've never had...there* (90, 96); (*it*) *might have been* (95) も再利用されて、話題は数珠のように途切れずに繋がっている。発話者同士は、すでに言及された表現を再利用することで、同じ情報を共有する立場にあるという関係を確認する。このように、会話では、繰り返すという行為そのものが、想定を共有し、相互に協力し合い、協調性を強めるために働いている。

3. リアルさの追求：文学作品における反復

こうした会話の特徴を巧みに捉えて、作家は創造性を駆使して会話を再構築する。劇的効果をもたらすこともできる。この節では、2節で扱った反復という現象が戯曲の会話にどう利用されているかを示してみよう。

1960年代以降活躍した、イギリスを代表する劇作家 Harold Pinter は、現実の会話を巧みに取り入れたセリフを多用して観客を魅了した。[10] Esslin (1970: 225) は「H. Pinter は普通の人々が話す英語の日常言語を正確に聞き分けることができた」と評し、とりわけ、その反復表現を 'recurrent tautologies' と呼んでいる。たとえば、'He's old - Not young - No, I wouldn't call him young – Not youthful, certainly – Elderly, I'd say – I'd call him old' のような表現である。確かに、対話者の先行発話に出現する語句を利用して、独特のリズムと連鎖で反復するスタイルは、自然発話のそれと酷似する。反復は自己反復 (self-repetition) もあれば、他者反復 (allo-repetition) も見られる。(2) のやり取りはその両方の例である（イタリックは反復表現を示す）。

(2) KEDGE: He's *fast*.
SEELEY: He's *fast*, but he's not all that *fast*, is he?
KEDGE[doubtfully]: Well, not all that *fast*…

(*A Night Out*)

ここでは形容詞 *fast* が 4 回繰り返されると共に、*fast* を含む節構造 *He's fast* と (*he's*) *not all that fast* の反復が見られる。次の (3) はやや入り組んでいる。

(3) FLORA [going over to him]: I don't know why you're getting so excited about it. He's a quiet, *harmless* old man, going about his business. He's quite *harmless*.
EDWARD: I didn't say he wasn't *harmless*. Of course he's *harmless*. How could he be other than *harmless*?

(*A Slight Ache*)

ここでは形容詞 *harmless* が 5 回繰り返される。FLORA の発話 *He's quite harmless*. に対する EDWARD の発話における節構造は変異している。肯定的な内容でありながら、同一語句が異なる節構造で複雑に繰り返されることが、心的には微妙な不協和音を奏でていないだろうか。このように自然会話を映し出しながらも、その狙っている効果は作品の文脈と関係する。反復が現実の会話を反映するとき、反復することで相手に何かを気づかせるという含みが根底にある。[11]

さらに、対話を介する繰り返しは、語句や節構造だけではなく、対話構造自体もリアルに利用しているといえる。以下の例を見てみよう。対話者が交代する切れ目はターンであり、基本のペアには「開始と応答（Initiation -Response）」の原則があり、最小ペアはムーブ（move）と呼ばれる発話機能を示している（詳細は Coulthard 1985; Carletta *et al*. 1997）。

(4) PETE: When did you last *sleep*? [開始－質問（疑問詞）]

LEN: *Sleep*? Don't make me laugh. All I do is *sleep*. [応答 – 情報]

(*The Dwarfs*)

(5) FLORA: He's *dying*. [開始 – 情報]

EDWARD: *Dying*? He's not *dying*. [応答 – 説明]

(*A Slight Ache*)

(4) では、PETE の質問に対して LEN は実質的に答えていないし、(5) では、FLORA から提供された情報を EDWARD は真っ向から否定している。[12] つまり、やり取りとして、対話のルールに違反している。[13] ここでの反復は強い疑いや拒絶に近い感情を含み、先行発話に対するそれぞれの態度を示している。このように先行発話の内容を部分的に繰り返す現象について、Sperber and Wilson (1981) は 'echoic mention' と呼び、反復がある種の気づき、たとえば皮肉 (irony) のような認知効果を生み出すことがあると主張する。こうした解釈は、2 節で述べた発話効果とは真逆で、共有された情報を確認する代わりに、疑念や主張、拒否という発話行為を表出している。これもまたリアルといえるのではないだろうか。

4. 話しことばに基づく文法研究へ

2 節で対話の構造を示し、反復がラポール形成につながることを示した。反復は、対話という対人関係が関わるやり取りに不可欠なものであり、対話の目的によってもその機能は異なる。[14] もちろん、書きことばの反復もまた、小説や新聞、アカデミックな論文など、ジャンルや目的によって、その役割は大いに異なる。[15] しかし、反復するという行為の根底にある目的は、「聞き手の注目を求める」ということで共通しているのではないだろうか。聞き手を意識した言語リソースの利用は、「聞き手デザイン」と呼ばれ、話しことばの文法研究に欠かせない視点である。こうしたリアルな話しことばのデータは、母語話者が想像もしなかったような言語事実の宝庫でありながら、その実態はまだ十分に解明されていないことが多い。

すでに紹介したが、CANCODE は主にナラティブと会話から構成された、日常的なイギリス英語のコーパスで、社会的なコンテクストの多様性を背景とした様々なジャンルから収集した自然な話しことばの英語のデータ構築に特徴がある（1996年当時で500万語）。[16] 1990年代以降、英語圏ではBritish National Corpus (BNC) やInternational Corpus of English(ICE) など大規模なコーパスの構築がすでに始まっていたが、音声データと転記テキストを併せもつ自然な話しことばにアクセスすることは限られていた。その理由は、言うまでもなく、コーパスの構築には多大な時間と労力を要するためだ。[17]

CANCODEコーパスの成果はCarter and McCarthy (1997) および文法書Carter and McCarthy (2006)、その他多くの研究報告に示される。[18] 今日では、話しことばのデータに自由にアクセス可能になり、従来の文法書の解説も話しことばを無視できなくなった。Biber *et al*. (1999) は話しことばと書きことばの英語のジャンルを横断し、統計を駆使した初めての文法書である。話しことばには、既存の記述文法書には収まりきらないデータや、我々の言語知識を使った作例を超えて、想像したことのない構文や、母語話者の直観で容認性が判断できないデータが次々に現れてくる。

この事実をふまえ、Miller (2011) は、理想的な母語話者は存在しないと主張する。その意図は、英語の母語話者でさえも、変わりゆく話しことばのデータを目の前にすると、正確な文法判断を下すことは時に難しいということである。すでに見た抜粋の一部を (6) として再掲する。

(6) 94 <S01> Scallops?
95 <S02> Scallops it might have been. Might have been scallops.

ここでは *might have been* という節形式の反復とともに、新しい談話要素が話題として定着するプロセスが示されている。*Scallops it might have been* はなぜこの語順なのだろうか。通常の平叙文の語順であれば、'It might have been scallops' と書き換えられるだろう。後続節では主語 *it* を省略した節が自己反復されている。直前に導入された *Scallops* を直ちに反復し、談話の話題として確立させ、後続節で同定するというプロセスは、やり取りの実情に合っているが、文法的に説明するのは簡単ではない。

たとえば、Carter and McCarthy (2006) では、書きことばの解釈では上手く説明できない話しことばの文法現象について、新たな用語を導入している。その一つが、「発話頭と発話末 (headers and tails)」である (太字部分が該当箇所)。 たとえば、**Edward, he**'s always the first person to complain (発話頭); **It**'s really nicely done out, **this place**, all wooden (発話末) (Carter and McCarthy 2006: refrence no. 474) のように、発話頭と発話末に焦点化される要素が生起する。[19] この考え方を援用すると、Scallops を header と捉えて後続の節とは切り離すという線状的な分析が採用されるだろう。「帆立貝だっけ？」という情報提供に合わせて、「帆立貝、だったかもね」となるだろうか。このプロセスから、名詞句 scallops の前置による焦点化によって、話し手は、聞き手と談話の話題を共有したことを明示的に伝えることができる。[20]

ここで理解できることは、話しことばのデータを談話に配慮して捉えるという視点である。従来の文法構造に当てはめようとすると、不具合が生じる。その証拠を Carter and McCarthy (1997: 73) の対話例から示してみる。次の抜粋 (7) では、63 行目の構文について解説がある。

(7) 61 <S 02>: Where is it then?
62 <S 01> [coughs] Battersea.
63 <S 01> ***Is that Sally lives there or something?***
64 <S 01> Or Battarsia
65 <S 01> Mm
66 <S 01> Or Battarsia [laughs]

Carter and McCarthy (1997: 76) は、このひとまとまりの表現 *Is that Sally lives there or something?* には、3 つの質問が組み合わされていると述べている。すなわち、(a) Is that (where Sally lives)? (そこはサリーの住んでいるところか) という疑問文の冒頭で生じた誤り (a false start)。(b) Does Sally live there? (サリーはそこに住んでいるのか) という疑問文。ただし、冒頭が (a) のように誤っているため、完全文になっていない。そして (c) Is (it)

Sally (who) lives there? (そこに住んでいるのはサリーか) という疑問文の組み合わせであると解説する。

この解説に対して、Miller (2011) はその分析が誤りであることを指摘している。まず、Carter and McCarthy (1997) がイントネーションとリズムについて全く言及していないことに注目し、Miller (2011) は「話者にはためらいがあるのだろうか。誤って文を始めたことがどうしたら分かるのだろうか。(b) の疑問文が完全な文を形成していないと言っているのは、どういう意味だろうか。lives が Sally と人称と数において一致しており、発話には does または does の一部に相当するものが全く含まれていないのに、どんな証拠があって yes/no 疑問文が話者の頭の中にあると言えるのであろうか」と疑問を呈している (11-12)。Miller は、Is that Sally lives there or something? は英語の話しことばでは頻出する構文であると類例を示して、再分析した。つまり、*that is Sally lives there.* の疑問文として、関係詞節である *lives there* は関係節化標識（主格 who）を欠いているが、よく起こる現象であり、誤って文を始めたわけでも、3 つの構造が混在しているわけでもないと結論づけた（Miller 2011: 13)。

この指摘は話しことばの分析が、母語話者にとってもいかに扱いにくいかという事実を示唆している。同時に、Miller (2011) は、証拠に基づく分析に到達するためには、自然に発話された英語の統語法について詳細に知ることが重要であると述べる。そして、書きことば中心に行われてきた言語研究へ疑問を呈し、母語話者の文法性直観に基づいて構築される理論的体系モデルの弱点を厳しく批判している。

本節では、話しことばにおいて逸脱とみられる構文現象は、談話的視点から捉えた発話機能が関与しており、話し手の意図と聞き手の理解を十分に反映する相互行為的な構文として理解する必要があることを論じた。話しことばは書きことばに優先し、類型的に伝播する、その過程をどこかで捉え、自然発話の言語事実と文法理論との融合を目指すためには、より包括的な言語論の展開が必要だろう。

5. おわりに

私たちは、現在、英語の自然な発話データに触れて、現実の会話のやり取りを学び、ありのままの姿を再現することができる。現代英語のリアルな姿を知ることで、過去から引き継がれてきた英語の変化のプロセスも学ぶことができる。さらに、様々なジャンルに渡って、自然な英語が変異してきた姿も想像することができる。しかし、話しことばの言語現象にみられる様々なパターンを分析するのは、実際にはなかなか骨が折れる仕事である。リアルな話しことばに、文の定義や節構造の定式化などの書きことばの基準をそのまま適用することはなじまないだろう。なぜなら、対話や会話というジャンルには話し手と聞き手の相互行為的なやりとりを反映するような文法体系やしくみがあるためだ。その手続きに沿って、オンラインでの情報伝達に最もふさわしい形式と機能を説明する必要がある。こうした視点は、言語構造変化の最前線にある話しことばの優位性を主張するものであり、リアルな話しことばのデータから標準的言語観を修正していくヒントも、つかめるのではないだろうか。

* 本稿は日本学術振興会科学研究費補助金による基盤研究（C)「動的言語観に基づく話しことば文法と談話のインターフェイスの解明」（研究代表: 吉田悦子， 課題番号: 15K02477）の研究成果の一部である。

註

1 転記テキストは Carter and McCarthy (1997: 106-107) に収録されている。現在のデータは Cambridge International Corpus の一部である。

2 会話の出典は Hartley and Viney (1978) Unit 14 からの引用。テキストは English as a Foreign Language (EFL) の使用者を対象とする。

3 hedges は ‘to express degree of assertiveness’ と定義され (Carter and McCarthy 2006: reference no.112) *kind of, maybe, I think* など多様な表現がある。

4 名詞 tea はそれ自体が不可算名詞であるため、不定冠詞は適切ではない。正しくは、a cup of tea である。

5 Carter (1998: 47)は自然会話のやり取りについて‘natural but not lexically rich’, ‘the same words tend to be recycled, and the topics are seldom noted for their interesting content’と指摘する。

6 *and all that, once in a while, Having said that…* など多数。

7 ‘The repetitions across speaking turns are clearly not the work of people responding non-creatively, disinterestedly and automatically; they serve to create a strong sense of rapport and interpersonal involvement’. (Carter and McCarthy 1997: 69)

8 Carter and McCarthy (1997) では、データを８つのジャンル（20の会話抜粋）に分類して、解説を付している。

9 Comment-elaboration に分類された Family and relatives の章である。

10 こうした Pinter の作品での言語使用は、‘Pinteresque language’ または ‘Pinterese’ と称され、ごく普通の会話の中に独特の言い回しが使われる。

11 H. Pinter が用いる反復はしばしば人を不安にさせ、心理的緊張を高め、深刻な一面を暗示する場面で使われることが多い。やり取りは特異なまでに誇張され、登場人物の間の隠された関係性を暴くような執拗なやり取りが、劇的効果と結びついている。

12 EDWARD は *dying* を反復するだけでなく、否定を含む命題内容を反復する。

13 通常、質問に対しては、適切な応答が、情報提供に対しては認定することが期待されている。

14 課題遂行対話における反復は、条件により義務的な確認の機能や、あいづちの役割を持つ（Yoshida 2011）。

15 牧野 (1980)、豊田 (1981)、Biber *et al*. (1999) を参照。

16 Carter and Mccarthy(1997) は、独話データが中心だった Crystal and Davy (1975) 以来の本格的な会話の参考図書であると強調している。

17 このほか自然な話しことばの代表的なコーパスには London-Lund Corpus, BNC (spoken), ICE(spoken), Santa Barbara Corpus of Spoken American English. などが有名である。1990 年代には心理言語学や認知科学の分野では、実験的な手法による自発的な自然対話データの収集が行われ、課題遂行対話コーパスの構築が進行した (MAP task, LEGO task, etc.)。

18 ELT コースブックである McCarthy, McCarten and Sandiford (2007/2014) には、コー

パスの成果が多く反映されている。

19 さらに、Miller (2011) は発話頭の構文を NP-Clause construction (名詞句 - 節構文) と呼び、最初の名詞句は節の外にあり、従来の文法では「左方転位 (left dislocation) という名称が用いられているものの、節の中からその位置に動かされたものではないと仮定する。Miller and Weinert（2009: 237-9）は、この名詞句 - 節構文を、名詞句とその指示対象を際立たせる焦点構造として分析している。

20 歴史語用論研究ではこうした類似の現象を周辺部 (periphery) として再解釈している（Higashiizumi, Onodera and Sohn 2016)。

言語教材資料

Hartley, B. and Viney, P. (1978) *Streamline English Departures*, Oxford: Oxford University Press.

McCarthy, M., McCarten J. and Sandiford, H. (2007/2014) *Touchstone,* Cambridge: Cambridge University Press.

参照文献

Biber, D., Johansson, S., Leech, G., Conrad, S. and Finegan, E. (1999) *The Longman Grammar of Spoken and Written English*, London: Longman

Carletta, J., Isard, A., Isard, S., Kowtko, J. C., Doherty-Sneddon, G., and Anderson, A. H. (1997) 'The reliability of a dialogue structure coding scheme,' *Computational Linguistics*, 23, 13-31.

Carter, R. (1998) 'Orders of reality: CANCODE, communication, and culture,' *ELT Journal* vol.52/1 January, Oxford University Press, 43-56.

Carter, R.and McCarthy, M. (1997) *Exploring Spoken English*, Cambridge: Cambridge University Press.

Carter, R. and McCarthy, M. (2006) *Cambridge English Grammar: A Comprehensive Guide to Spoken and Written Grammar and Usage*, Cambridge: Cambridge University Press.

Coulthard, R.M. (1985) *An Introduction to Discourse Analysis* (2nd [ed].), London: Longman.

Crystal, D. and Davy, D. (1975) *Advanced Conversational English*, London: Longman.

Esslin, M. (1970) *Pinter the Playwright*, London: Methuen.

Halliday, M.A.K. (1989) *Spoken and Written Language*, Oxford: Oxford University Press.

Higashiizumi, Y., Onodera, N. and Sohn, Sung-Ock (eds.) (2016) *Periphery – Diachronic and Cross-Linguistic Approaches, Special issue of Journal of Historical Pragmatics* 17.2.

牧野成一 (1980)『くりかえしの文法』大修館書店.

Miller, J. (2011) *A Critical Introduction to Syntax*, Continuum.

Miller, J. and Weinert, R. (1999/2009) *Spontaneous Spoken Language: Syntax and Discours*, Oxford: Oxford University Press.

Sperber, D.and Wilson, D.(1981) 'Irony and the use-mention distinction,' In: Cole,P., (Ed.), *Radical Pragmatics*. Academic Press, New York, 295-318.

豊田昌倫 (1981)『英語のスタイル』研究社.

Yoshida, E. (2011) *Referring Expressions in English and Japanese: Patterns of use in dialogue processing*, Amsterdam/Philadelphia: John Benjamins.

IV

文　体

複数の視点の効果
—カズオ・イシグロ『忘れられた巨人』の場合

石井　昌子

はじめに

『忘れられた巨人』（*The Buried Giant*）の物語の舞台は、6 世紀初頭のイングランドである。伝説的なブリトン人の君主であるアーサー王の死から数十年後、アーサー王の甥であるガウェイン卿も、すっかり年を取っている。物語は、アクスルとベアトリスというブリトン人の老夫婦が、住み慣れた村を離れ、長い間音信不通の息子に会うために旅に出ることから始まる。実は息子は亡くなっているのだが、2 人の記憶にはない。アーサー王が、ベイドン山の戦いでサクソン人を虐殺した記憶を消すために（『忘れられた巨人』とは、虐殺され塚に埋められている人々のことである）、魔法使いマーリンに命じて、クエリグという雌竜の息に、人々の記憶を奪う効力を与えたためである。雌竜の息が霧となって世界を覆っている。ガウェイン卿は、王から竜を守ることを命じられ、他方サクソン人の戦士ウィスタンは、サクソンの王から竜退治を命ぜられている。アクスルとベアトリスは、旅の途中で 2 人と一緒になり、ウィスタンがガウェイン卿を、次いで竜を殺す場面を見届ける。最後は、アクスルとベアトリスが、あの世と思われる島に向かう場面で終わっている。

イシグロのそれまでの 6 作の長編においては、登場人物の 1 人が自らの記憶を語っていた。しかし『忘れられた巨人』では、イシグロは個人の記憶に加え、新たに集団の記憶をテーマにするために、複数の人間の記憶を描くことにした（郷原、11）。『忘れられた巨人』は、ガウェイン卿の語り、(9 章と 14 章)、船頭の語り（最終章）、現代に生きるイングランド人の語り（その他の章）から成り立っている。現代イングランド人の語る 14 章分のうち、3 章分は視点をサクソン人の少年エドウィンに、残りは語り手が ‘I’ で登場する以外はアクスルに置いて、その心中を描いている。「物語を語るときに視点をどこに設定するかは」、「虚構の登場人物やその行動に対する読者の感情的・倫理的反応を根本的に左右する」（ロッジ、44)。複数の視点を設定することにより、「心に留めるべき記憶と、忘れるべき記憶のバランスをうまくとることが大切」（郷原、11）という作者の意図が、どのように表されているかを探るのが、本稿の目的である。

1. 現代イングランド人の視点

まず現代イングランド人の語り手は、いわゆる全知全能の語り手ではない。「小説の冒頭は、われわれが住む現実世界と、小説家の想像力によって生み出された世界とを分ける敷居」（ロッジ、15）である。その小説の冒頭でこの語り手は、荒涼とした自国を同情的に描写しつつ、鬼の存在を、推量の助動詞を使うことなく確定的な事実として扱っている。つまり、読者をファンタジーの世界に導くのである。冒頭部分を (1) に引用する（以下、引用文のイタリックおよび下線は筆者)。

(1) You would have searched a long time for the sort of winding lane or tranquil meadow for which England later became celebrated. There were instead miles of desolate, uncultivated land . . . Icy fogs hung over rivers and marshes, serving all too well *the ogres that were then still native to this land*. . . . People then would have regarded them as everyday hazards, and in those days there was so much else to worry about. (3)

またこの語り手は、アクスルやベアトリスが記憶を無くしていることは、読者に知らせるが、その原因は明らかにしない。後にガウェイン卿が語る。こうして読者は、現代イングランド人の視点は、場面設定の役割しか担っていないことを悟る。

2. アクスルの視点と船頭の視点

アクスルとベアトリスの夫婦は仲が良く、とくにアクスルの妻への献身ぶりに読者は感心させられる。しかし第 15 章のガウェイン卿とウィスタンが対決に向かう場面で、アクスルは突然、昔ベアトリスの不倫に苦しんだことを思い出し、彼女への怒りがこみ上げる。

(2) Axl had let her talk on, listening with only half his mind as he walked, because *he had become aware once more of something at the far edge of his memory: a stormy night, a bitter hurt, a loneliness opening before him like unfathomed waters*. (322)

暫くして妻への優しい感情が戻って、彼はホッとするのだが、彼は最終章で、「霧にいろいろと奪われなかったら、私たちの愛はこの年月をかけてこれほど強くなれていただろうか。霧のおかげで傷が癒えたのかもしれない」(361) と妻に尋ねる。クリエグが退治され霧が晴れたおかげで、息子が亡くなったことを思い出したベアトリスは、「いまはもうどうでもよくなくって、アクスル ?」（同）とそっけない。しかし読者は、他の条件が同じであれば、視点の置かれた心を覗ける人物に同情する（Short, 371）ので、アクスルに同情する。

ある島に息子の墓があることを思い出した 2 人は、最終章で、そこへ渡ろうと浜辺にやってくる。その島は、住人が互いに出会うことなく 1 人で暮らすという、まるであの世を思わせるところである。この章は船頭の視点から描かれ、船頭の目に映る 2 人はあまりに弱々しい。このことも 2 人のあの世への旅立ちを思わせる。ところで、最終章の船頭の言葉は Direct Speech で、船頭の心中の思いは Free Direct Thought で記されている。これは何を意味するだろうか？引用 (3) は、ボートのある入江まで自分が妻を運ぶというアクスルに対して、船頭が反対する場面である。

(3) What to say to this, the husband now almost as weak as the wife? 'The cove's not far,' I say gently. 'But the way down's steep, with pits and twisted roots. Please allow me to carry her, sir. It's the safest thing. . . .' (348)

引用 (3) では、船頭の思いが、そのまま船頭の言葉に繋がっていることが分かる。そのため伝達動詞が省略できるのである。つまり、船頭の心中が常に言葉通りであることを示している。波が高いので 1 人ずつしか渡せないという船頭の言葉を、アクスルは疑い、憤る。しかし、'Wait for me on the shore, friend.' (362) と言って漕ぎ出す船頭は、きっとアクスルを迎えに戻ってくる。しかしアクスルが島に着いたときには、先述の通り、この不思議な島でベアトリスと出会うことはないであろう。思い出は、生きている者を幸せにするものでなければならないと、作者は言いたげである。

3. エドウィンの視点

第 4 章は、次のように始まる。

(4) *Never in his life had he seen his village from such a height and distance, and it amazed him*. It was like an object he could pick up in his hand, and he flexed his fingers experimentally over the view in the afternoon haze. The old woman, who had watched his ascent with anxiety, was still at the foot of the tree, calling up to him to climb no further. But Edwin ignored her, for he knew trees better than anyone. (95)

出だしの倒置法は、自分の村を初めて木の上の高みから見た、サクソン人の少年エドウィンの感動と驚きを表す。「ほとんどの物語には読者を驚かせる因子が含まれ」、しばしば「登場人物の無知を知へと転換する要素、すなわち発見」が伴う（ロッジ、102)。これまでアクスルの視点から眺めていた読者は、アクスルが木に登ったのかと驚く。しかし、下で落ちないか心配している人間を「老女」と形容していることから、登っているのはエドウィン少年で、下の老女はベアトリスであると分かる。読者はこの発見に納得し、老女の警告を無視してスルスルと身軽に昇って行く、12 歳の少年に共感を覚える。「ある人物と空間的位置を共有すると、読者はその人物の目を通して物語世界のできごとを経験するような恰好になり、それが継続するとその人物に対する共感が生まれやすい」（佐々木、183)。

その結果、続いてエドウィンが思い出す、鬼に捕まって籠の中で竜の子と戦わせられる場面、ウィスタンに助け出されて村に戻った後、彼も将来鬼になると信じる村人に石を投げられ、倉庫の中で、ブリトン人の兵隊に連れ去られた母親を呼んで耐える場面を、読者は同情を持って読むことが出来る。

ウィスタンとエドウィンがクエリグのねぐらに向かう第12章も、エドウィンの視点から描かれている。エドウィンは、竜の子から受けた傷が原因でクエリグのねぐらに導かれていたのだが、自分では母親の声に呼ばれていると思っていた。ウィスタンにそれを告白すると、ウィスタンは彼を理解してくれる。しかしウィスタンは、全てのブリトン人を憎めとエドウィンに約束させる。

(5) 'There are Britons who tempt our respect, even our love, I know this only too well. *But there are now greater things press on us than what each may feel for another*. It was Britons under Arthur slaughtered our kind. It was Britons took your mother and mine. We've a duty to hate every man, woman and child of their blood. . . .' (276)

自分を崇拝している12歳の少年に、ブリトン人への復讐と憎しみを誓わせるウィスタン。彼の心にも葛藤があるかもしれないが、彼の心の中はその言葉からしか推し量れない。そして彼の言葉は、大義名分を述べるのみで温かみがない。読者はエドウィンの将来を憂う。

ところでウィスタンは、アクスル、ベアトリス、エドウィンとともにガウェイン卿に初めて出会い、名前を聞かれた時、'*The name* is Wistan . . . ' (121) と答える。'My name' ではない。Richard Epstein (1996) は、'a' と 'the' を比較して、'the' は「指示標識」としては話者と聞き手の共通認識を表すが、「表現上の役割」においては話者の視点を示し、話者からさらに第3者の視点に移行することもできるとしている (109)。これを 'my' と 'the' の使い分けに当てはめると、'The name' は、ガウェイン卿とウィスタンの共通認識を示すのみならず、第3者である読者にとっては既におなじみの名前であるという含意がある。もともとウィスタンには視点が与えられておらず、個人的に読者の同情を受けにくいことから、「ウィスタン」という名前は、サクソン王の命令に忠実な、恐れを知らないサクソン戦士の代名詞として使われているとも言えるのである。

第 16 章は短いが、ウィスタンが先ずガウェイン卿を、続いてクエリグを倒す間、安全な場所に繋がれていたエドウィンの視点から描かれている。クエリグが死んだ後、エドウィンを呼ぶ母親の声がぷっつりと途絶える。母親がいると思って憧れの目で眺めた場所も、全く魅力を失う。その時エドウィンは、2 通りの感情を同時に経験する。1 つは、'[W]hen it [is] too late for rescue, it [is] still early enough for revenge.'（343）というウィスタンの言葉と復讐の思いであり、もう 1 つは、彼を杭に繋いでいたロープをほどいてくれ、ウィスタンが峠で待っていると教えてくれたアクスルとベアトリスに対する優しい感情、'Did they have strength left to descend the mountainside?' (344) である。エドウィンは、'Remember us and this friendship when you were still a boy.'（344）という 2 人の声に、ウィスタンとの復讐の約束を思い出すが、同時に、'But Wistan had not meant to include this gentle couple.' (344) と、自分を納得させる。そしてウィスタンのもとへ、ブリトン人への復讐の未来へと走ってゆくのである。ここには作者の、憎しみを再生産する集団記憶への反感が伺われる。

4. ガウェイン卿の視点

ガウェイン卿の最初の語りは、第 9 章に置かれている。彼は山道を、愛馬ホレイスと登っている。彼がアーサー王に命じられて、魔法使いマーリンがクエリグの吐息に人々の記憶を消す魔法をかける手助けをしたこと、アーサー王の死後も、クエリグを守る任務を果たし続けていることが明かされる。さらにガウェィン卿は、アクスルが、アーサー王の戦士の 1 人としてサクソン人との平和締結に力を尽くした後、アーサー王の背信に憤っていたことと、ブリトン人の少女がサクソン人の貴族に復讐した場面とを思い出す。ガウェイン卿は、過去形で回想しながら、興奮すると現在形に移る。次の引用は、家族をサクソン貴族に殺された、ブリトン人の少女の復讐の場面である。

(6) Then she *brought* the hoe down not with a swing, but a small rod, then, another, the way she *is searching* for crops in the soil, until I *am made to cry*, ‘Finish it, maiden, or I’ll do it myself!’ to which she *says*, ‘Leave me now, sir. I thank you for your service, but now it’s done.’ ‘Only half done, maiden,’ I *cry*, ‘till I see you safe from this valley,’ but she no longer *listens* and *goes on* with her foul work. (240-41)

ガウェイン卿の描写の中で、動詞が過去形から現在形に変わることは、少女の殺し方の残酷さが今も生々しく彼を苦しめること、つまり彼の人間としての気高さを表している。しかしガウェイン卿は、決して少女自身を軽蔑したり嫌悪したりしているのではない。これは次に述べる語句や場面の反復から分かる。

フィクションにおける反復には2種類ある。語彙レベルのものと出来事や場面の反復である（Miller, 2-3)。前者に関しては、「優れた文学的文章の伝統的なお手本に従うなら、文章には『優美な変化』を持たせねばならない。何かに2度以上言及するときには、2度目は別の言い方を考えるべきであって、構文にも同じく変化をつけるべきである」(ロッジ、126)。逆に、「小説において、2度あるいはそれ以上に語られたことは、真実とは限らないが、読者はそのことが重要な意味をもつと考えてよい」(Miller, 2)。ガウェイン卿が復讐に燃えた少女を描写する文章には、語句の反復と、語句の構造に1語を付加もしくは削除する一種の変奏がある。

(7) Edra, she later told me was her name. She was no beauty, and dressed in the simplest weeds, but like that other I sometimes dream of, she had a bloom tugged my heart. I saw her on the roadside carrying her hoe in both her arms. (237)

(8) If she still lives today—Edra, she later told me was her name—she would now be near your age, ladies. It may even be she was among you

just now, how would I know? No great beauty, but like that other, her innocence spoke to me. (238)

(9) . . . I hastened back, weary as I was, to that valley's edge and the elder tree where the maid still waited, her hoe in her arms. (239)

ガウェイン卿の心に残った少女の描写が、'Edra' という少女の名前と、'like that other'（彼には、夢に見る女性がもう一人いるらしい）を繰り返していることは、彼が彼女の純真さを主張していることと相まって、彼の少女に抱く好意が強調されている。読者は、少女の性格は元来残酷ではないこと、家族をすべてこのサクソン貴族に殺された彼女の無念さを受け入れるべきだ、というガウェイン卿の思いを感じ取る。またガウェイン卿が、クエルグに魔法をかけるマーリンを助ける仕事を果たして戦場に戻った時、この少女は、相変わらず斧をしっかりと胸に抱いて、彼を待っている。そして引用 (7) にあるように、自分の家族を殺したサクソン貴族を、切れ味の鈍い斧でなぶり殺すのである。これは、普通の人間が鬼になることを象徴しているであろう。

反面、プロの戦士ウィスタンは、ブリトン王の命令で自分を殺しに来たブリトン兵も、手強いガウェィン卿も、寝ているクエリグも、常に一撃で倒し、相手が人間であれば埋葬する。次の引用は、ウィスタンがブリトン兵を倒す場面である。

(10) The Saxon side-stepped neatly, and drew his own sword across the oncoming man *in a single simple movement*. The soldier let out a sound such as a bucket makes when, dropped into a well, it first strikes the water; he then fell forward onto the ground. (140)

読者は、少女とウィスタンの流儀を対比することで、プロの戦士でない民衆の怒りの恐ろしさを知る。そして、辛い記憶を薄れさせるクエルグの息に利点を感じる。

ガウェイン卿の第 2 の語りは、第 14 章にある。ガウェイン卿はクエリグのねぐらに向かっている。彼は、恐ろしく腕の立つ若い戦士ウィスタンと戦わねばならないこと、そしておそらく自分は死ぬであろうことを覚悟している。この章では最初、彼は現在形で自分の現在の心境を語り、次に、竜の吐息に魔法をかけるマーリンを援護して死んだ、仲間の戦士の末期の様子を回想する。ガウェイン卿の回想は、過去形で始まり途中から現在形に移る。

(11) My old comrade, Master Buel, *longed* for water that day, as he *lay* on the red clay of that mountain. . . . 'But this she-dragon's all but parted you in two,' I *tell* him. . . . But he *says* to me, 'My heart will welcome death only when you lay me down beside water, Gawain, where I hear its gentle lapping as my eyes close.' He *demands* this, and cares not whether our errand *is* well done, or if his life *is given* at a good price. (298)

死に際の人間にとっては使命より水が大切であることを、ガウェイン卿は、動詞の現在形を使って生々しく思い出す。動詞の現在形は、ガウェイン卿が戦友の態度を、いわば人間の真理と感じていることを示すであろう。彼は、この戦友の姿は未来の自分ではないか、と感じているのである。そして、'. . . who knows how many more journeys are left to Horace and me?' (300) と悲しく問う。それでいてガウェイン卿は、アクスルとベアトリスには 'Turn back while you still have strength . . .' (300) と強く勧める。読者はガウェイン卿の人徳を感じ、彼の運命に大いに同情するであろう。

次の第 15 章では、ガウェイン卿とウィスタンが対決する。ガウェイン卿がクエリグの命乞いをするには、2 つ理由がある。1 つはクエルグの息による忘却が平和に役立つことであり、もう 1 つはクエリグの高齢である。'Another season or two, that's the most she'll last' (327) と言って、クエリグを庇う。'Another' には、ガウェイン卿のクエリグへの使命感だけでなく愛着が表れている。他方ウィスタンも、クエリグを倒した後、「意気消沈した」(338) 様子で、アクスルとベアトリスにこう告げる。

(12) ‘If your son will not hear your warning, leave him and flee as far west as you can. *You may yet keep ahead of the slaughter.*’ (341)

ブリトン人を憎む使命に生きる彼であるが、実はアクスルは、ウィスタンが子供の頃憧れたブリトン戦士であり、ウィスタンにとって特別の存在であった。しかし同時に、彼は次のようにも言う。

(13) ‘It’s a weakness shames me, yet *I’ll soon offer in my place one trained by my own hand, one with a will far cleaner than mine.*’ (340)

読者は、ガウェイン卿の優しい心を覗いてきたので、サクソン王の命令に従い憎しみを再生産し続けるウィスタンに、反感を抱くに違いない。

まとめ

本稿は、個人的にも社会的にも忘れたい記憶のあるアクスル、まだ集団記憶による憎しみに縛られず、ブリトン人の中にも善人を見出すエドウィン、クエリグを守る使命に従いつつも、温かい人間味を維持し、クエリグにも愛着を抱いているガウェイン卿、それぞれの視点に従い、その心の中を覗いてきた。ウィスタンの視点は、彼にクエリグ殺害を命じたサクソン王と一致し、彼は、ブリトン人を100パーセント憎む戦士を育てると公言している。読者は、他の条件が同じであれば、視点が置かれ、その心を覗ける人物に同情する傾向にある、という上述の原則（Short, 371）に当てはめれば、ウィスタンの視点＝大義名分としたことは、集団記憶至上主義に対する作者の警戒心を表している。さらに、ウィスタンの真の思いは、その言葉から察することしかできないが、どうやら彼はブリトン人に個人的敬愛を抱き、それを恥じているらしい。こうして複数の視点を設定し、複数の人びとの心を覗くことによって、作者は、現在の幸せに役立つ記憶とそうでない記憶を区別し、後者を失うことはむしろ幸運であることを、読者に納得させることに成功していると言える。ウィスタンの心の葛藤も、作者の主張を補強するものであろう。

註

Ishiguro, Kazuo, (2015), *The Buried Giant* (London: Faber & Faber). 以下この小説からの引用は、この版と土屋政雄訳による。

参考文献

Epstein, R. (1996) 'Viewpoint and the Definite Article.' Goldberg, A. (ed.) *Conceptual Structure, Discourse and Language*. Stanford: CSLI Publications. pp.99-112.

Ishiguro, K. (2015) *The Buried Giant*. London: Faber & Faber. [イシグロ『忘れられた巨人』土屋政雄訳、早川書房、2017]

Leech, G. N. .and Short, M. H. (2007) *Style in Fiction.: A Linguistic Introduction to English Fictional Prose*. 2nd ed. London and New York: Routledge.

Lodge, D. (1992) *The Art of Fiction*. London: Vintage. [ロッジ『小説入門』柴田元幸・斎藤兆史訳、白水社、1997]

Miller, J. H. (1982) *Fiction and Repetition*. Cambridge, Massachusetts: Harvard UP.

Short, M. H. (1996) *Exploring the Language of Poems, Plays and Prose*. Harlow: Pearson Education.

郷原信之「何を心に留め、忘れるか」『日本経済新聞』2015年6月24日付夕刊、11面。

佐々木徹 (2017)「小説のスタイルをどう教えるか」豊田昌倫、堀正広、今林修（編）『英語のスタイル — 教えるための文体論入門』研究社、178-190頁。

短編小説における語りと音韻リズム
—Roald Dahl の “The Wish” を読む

魚住　香子

はじめに

児童文学作家としてその作品が多くの言語に翻訳され、世界中の人々を魅了しているRoald Dahl(1916-1990)は、短編の名手としても知られている。大人を対象読者とした短編作家としてキャリアを始めたDahlは、生涯で多くの短編小説を書いた。その中の一編、“The Wish” (1953) は、その短さと、意外にも数少ない子どもを主役にしたストーリーとして、例外的な作品と言えるかもしれない。しかしこの1500語足らずの短編には、後に続くDahlの児童文学作品への萌芽が詰まっている。

“The Wish” は少年の想像力が創り出した小さな願掛けを描いている。一見するとささやかな子どものひとり遊びであるが、しかしそこには子どもには見えていながら精緻に言語化できない世界が描かれており、語り手は時折子どもの「声」を織り交ぜながら、その豊かな世界を読者に提示している。登場人物は、願掛けの内容から幼いと想像される少年ひとりのみである（最後の一文で母親の存在に言及される）。夏の誕生日前日に、ある願掛けが少年の心に浮かぶ。室内に敷かれた大きな絨毯の上を赤や黒色の部分に触れることなく渡り切れば、誕生日に子犬がもらえるというのだ。誰とも約束していない、単なる思いつきの願掛けに少年は挑戦する。

ストーリーの大半を3人称で語る語り手はストーリーの外側、どこかの高みから少年を観察し、彼の行動や外観・表情のみならず、不安や恐怖、緊張などの心の動き、知覚、決意や判断、そして時空を超えて過去の出来事にまで言及する。ストーリー内ではこの少年のことを知り尽くした「全知の語り手」(omnipotent narrator) の声に時折、少年の「声」が混ざる。

空想の中だけで起こる実在しない出来事が、語り手と少年の「声」の相互作用によってどのように効果的に描き出され、読者に提示されているか。

以下では、主として語りと視点の転換、音韻リズムの効果の観点から考察し、Dahl の後の児童文学作品へ続く端緒を明らかにしてみたい。

1. かさぶたから絨毯へ

膝頭にできた古傷のかさぶた発見の場面からストーリーは始まる。

(1) Under the palm of one hand the child became aware of the scab of an old cut on his kneecap. He bent forward to examine it closely. A scab was always a fascinating thing; it presented a special challenge he was never able to resist.

Yes, he thought, I will pick it off, even if it isn't ready, even if the middle of it sticks, even if it hurts like anything. (ll. 1-6)[(1)]

初登場の主人公は 'a child' ではなく 'the child' である。続く 'He bent forward…' で少年であると判明するこの子どもは、どこかにいる「ある子ども」ではなく、語り手のみならず、あたかも読者もすでに知っている子どもであるかのように語られ始める。このような導入は、読者を物語に引き込んで共感させる効果 (Leech and Short, 2007: 77) を生み出している。さらに語り手は、頻度を表す副詞、'always' を用いてかさぶたに対する少年の強い関心、繰り返されてきた習癖に言及し、少年と語り手の「近さ」もほのめかす。

かさぶたを剥がすという少年の決心では、'even if' で始まる単音節語を中心とした 3 つの副詞節の並行法(parallelism)が目に留まる。接続詞 'évèn íf' の【強弱強】の音韻反復が響き、かさぶたの引き剥がしへの少年のこだわりと意志の強さ、同時に幼さから来る頑迷さも感じられる。それは 'ánything'(「どんなに」)が 3 連節の最後、文末に位置して焦点化(end-focus)されることによって、より強調されている。

この少年の心の声は、直接思考 (Direct Thought) の様式 (mode) で語られている。一般に登場人物の話法や思考は下の (2) にあるように、様々な様式で表される (Leech and Short, 2007: 276)。[(2)]

(2) 話法： 間接 (IS)　自由間接 (FIS)　**直接 (DS)**　自由直接 (FDS)
　　思考： **間接 (IT)**　自由間接 (FIT)　直接 (DT)　自由直接 (FDT)
　　　　　　　　　　　　　　　＊基準は話法が **DS**、思考は **IT**

作者／語り手のコントロールは左から右にかけて減じていく。前掲 (1) では少年の決意が作者の介入が少ない直接思考 (DT) の様式で語られているが、伝達節 'he thought' が倒置され、引用符が省略されて、限りなく自由直接思考 (FDT) に近くなっている。その結果、少年の性質がより直接的に、リアルに浮かび上がってくる。このような心情描写における特定の効果を狙った様式の使い分けは、本編中、随所に見られる。

かさぶた取りに成功した少年は、美しく剥がされた 'the whole hard brown scab' (ll. 9-10) を手に取り、思わず感嘆の声を洩らす。(3) 冒頭の 'Nice. Very nice indeed.' は作者のコントロールが最も少ない自由直接思考 (FDT) で語られる主人公の心の声である。「戦利品」を手にして、思わず歓喜がこぼれ出た様子が想像される。

(3) Nice. Very nice indeed. He rubbed the circle [of the smooth red skin] and it didn't hurt. He picked up the scab, put it on his thigh and flipped it with a finger so that it flew away and landed on the edge of the carpet, the enormous red and black and yellow carpet that stretched the whole length of the hall from the stairs on which he sat to the front door in the distance. A tremendous carpet. Bigger than the tennis lawn. Much bigger than that.　(ll. 12-18、[ ] 内挿入筆者)

少年はかさぶたを足の上に置き、指で弾いて絨毯の上へと飛ばす。[pɪk]、[pʊt]、[flɪp] と、両唇破裂音 /p/ が響く単音節動詞から成る 3 幅対（triad)、'***p***icked u***p*** the scab'、'***p***ut it on his thigh'、'fli***pp***ed it with a finger' の並列が、戦利品に気を良くして、多少の優越感を交えながらかさぶたを無邪気にもて遊ぶ少年の動きを軽快に示す。さらに、/f/ および /fl/ の頭韻を冠する '***fl***ipped'、'***f***inger'、'***fl***ew' が、かさぶたが軽やかに飛んで行く様子を助長する。

そのかさぶたが着地した先に広がるのが、次の「挑戦の場」となる三色で織られた広大な絨毯である。目の前のかさぶたから飛んだ着地先の絨毯へ、語りは少年の視点を追う。それは very big でも large でも huge でもなく、'the enormous red and black and yellow carpet' である。これまでの素朴な本来語を中心にした語りへの 'enormous' の導入は、大きさの強調だけでなく、存在感・威圧感をも醸し出している。その圧倒的な広がりは、続く 'the who*l*e length of the ha***ll***' に含まれる、[houl] と [hɔ:l] の二重母音と長母音の響き、/l/ の脚韻によってさらに強調される。

絨毯を表す 'the enormous red and black and yellow carpet' は語り手の言葉であるが、目前にいきなり開けた広大な世界＝絨毯に目を奪われる少年の視点を含んでいる。それは次の、'A tremendous carpet.' という多音節語にも引き継がれる。少年がもつ語彙にはおそらく含まれていない tremendous には、'1. very big, fast, powerful etc.' に加え、'2. excellent' (LDCE[6]) という評価を含む意味があり、少年の驚嘆を引き起こす威容を感じさせるニュアンスが込められている。

絨毯は少年の知覚に変化をもたらす。

(4) He had never really noticed it before, but now, all of a sudden, the colours seemed to brighten mysteriously and spring out at him in a most dazzling way. (ll. 20-22)

絨毯が実際に妖しく発光したかどうかは問題ではない。ここでは真実性を問わない非叙述動詞 'seemed' を用いて、「少年の目に映った」絨毯が語られている。このように無生物で何も語らない・感じない「対戦相手」に代わり、絨毯が少年にはどう見えるのか、どのような感情を少年に引き起こすのかが、少年の「声」と語り手によって描かれていく。何の変哲もないかさぶたや絨毯から願掛けへと、世界は子どもにとってどのように見え、どのように立ち上がって来るのか、その片鱗を本編は見せてくれる。

2. 願掛けの思いつき

赤黒黄色で織られた絨毯の色彩が放つ不思議な魅力に惹きつけられた少年は、願掛けを思いつく。

(5) You see, he told himself, I know how it is. The red parts of the carpet are red-hot lumps of coal. What I must do is this: I must walk all the way along it to the front door without touching them. If I touch the red I will be burnt. As a matter of fact, I will be burnt up completely. And the black parts of the carpet... yes, the black parts are snakes, poisonous snakes, adders mostly, and cobras, thick like tree-trunks round the middle, and if I touch one of *them*, I'll be bitten and I'll die before tea time. And if I get across safely, without being burnt and without being bitten, I will be given a puppy for my birthday tomorrow. (ll. 23-33、イタリック原文)

前半では絨毯の赤色部分を燃える石炭の塊に見立て、触れると火傷を負うと想像する。平易な語彙で簡潔に、小気味よく、少年の空想が直接思考 (DT) で聞こえてくる。しかし後半、蛇に見立てた黒色部分の語りでは調子が一転する。文が長く冗舌になり、より「力が入っている」印象に変わる。

毒蛇に見立てられた絨毯の黒色部分は、'snake***s***, poi***s***onou***s*** ***s***nake***s***, adder***s*** mo***s***tly, and cobra***s***, ***th***ick like tree-trunk***s*** round ***the*** middle' と、/s/ や /z/ の歯擦音 (sibilant) の連鎖で語られる。歯摩擦音である 'thick' の /θ/ や 'the' の /ð/、および /s/ と /z/ などの摩擦音 (fricative) は、長く発音されて「耳につ」き、「擬音効果のために」よく利用される。[3] hissing sound と呼ばれる /s/ や /z/ を中心とした音が耳に残り、執拗な蛇の姿と重なる。

続く条件節 'if I touch one of *them*, I'll be bitten and I'll die before tea time.' の文末で焦点化されている '***t***éa ***t***íme' は、'***t***óuch' と並んで語頭の /t/ が耳に響く。無声破裂音である /t/ は「硬音」(fortis) に分類され、強い音と考えられている（豊田 , 2017a: 28)。さらに音がくる位置によって、語頭、語中、語末の順に「破裂の度合いが下がると想定」される（前掲書 28)。lunch でも dinner でもなく 'tea time' で、文末にきて新情報の提供になっており、恐ろしい空想をしていても午後のおやつの時間が気になる子どもの無邪気さが、音の響きと共に伝わってくる。

少年の独り言は決意表明で締め括られる。幼いながらも固い決意は、有声破裂音 /b/ の頭韻を含む同構造の副詞句、'without ***b***eing ***b***urnt' と 'without ***b***eing ***b***itten' の couplet の並列で前景化される。そして成功した暁に得られるご褒美は子犬、'***p***u***pp***y' である。語頭と語中にある硬音の無声破裂音 /p/ がより力強くこだまし、かさぶたに次ぐ「戦利品」の印象を強める。同時に文尾の 'my ***b***írthday tomorrow' も /b/ を伴った音核となり、明日が少年の誕生日 — 子どもにとって小さな世界における大きな出来事 — であるという新情報の提供となっている。このように少年の空想に基づいた心象風景は音韻によっても強化され、効果的に描出されている。(4)

3. 実行前の不安

願掛けの実行を決意した少年は、挑戦する「行路」を吟味する。

> (6) He got to his feet and climbed higher up the stairs to obtain a better view of this vast tapestry of colour and death. Was it possible? Was there enough yellow? Yellow was the only colour he was allowed to walk on. Could it be done? This was not a journey to be undertaken lightly; the risks were too great for that. (ll. 34-39)

離れて上段から冷静に俯瞰すると､絨毯の大きさがあらためて感じられる。(3) 内の 'tremendous' と比較してより中立的な形容詞 'vast' の使用は、ここでは大きさにより関心が向けられていることを示す。とはいえ、'tapestry of colour and death' である。少年の心に湧き上がる不安は、自由間接思考 (FIT) となって溢れ出す。

自由間接思考は通常、3 人称の語りに主人公による心情の吐露が伝達節（I think など）を省略した形で入り込むもので、3 人称・過去形で語られることが多い。自由間接思考で語られる 'Was it possible?' から始まる少年の一連の自問自答は、絨毯を見つめて不安になっている少年の声に語り手の声が重なっている印象を与える。

この語りを別様式にも言い換えて比べてみると、以下のようになる（前出の (2) 参照)。

(a) He wondered if it was possible.（間接思考、IT）

(b) Was it possible?（自由間接思考、FIT）

(c) He thought, ‘Is it possible?’（直接思考、DT）

(d) Is it possible?（自由直接思考、FDT）

本文にある (b) の語りの様式における語り手のコントロールの度合いは、基準とされる (a) に比べて弱まり、「作者のもっとも直接的な解釈のコントロールから離れ、登場人物の心の活動へ入っていく」（Leech and Short, 2007: 277)。逆にもし (c) や (d) にすると、語り手との距離感が出て、少年を突き離してひとりで自問自答させている印象が強まる。(6) での自由間接体 (b) の導入は、適度な距離感を保ちつつ、少年の背後で応援する語り手の存在を感じさせる効果を狙ったものと言える。

4. 絨毯渡り

絨毯の端に降り立ち、少年の願掛けがいよいよ始まる。細く黄色い部分をあたかも綱渡りのように (‘as though walking a tightrope’、l. 63）慎重に進む少年の様子や、行く手を阻もうと待ち構える ‘a vicious-looking mixture of black and red’ (ll. 64-65)、また道半ばで少年が感じる心の乱れ、‘***s***údden ***s***íckenìng ***s***úrge of pánic’ (ll. 85-86、太字・斜体筆者) などが、音韻による演出効果を交えて、語り手の視点を通して語られる。

最大の危機はパニックから立ち直った直後、慎重に足を黄色い部分に乗せた時にやって来る。足先がわずかに黒の領域に入ってしまうのである。

(7) He took another step, placing his foot carefully upon the only little piece of yellow within reach, and this time the point of the foot came within a centimetre of some black. It wasn’t touching the black, he could see

it wasn't touching, he could see the small line of yellow separating the toe of his sandal from the black; but the snake stirred as though sensing the nearness, and raised its head and gazed at the foot with bright beady eyes, watching to see if it was going to touch.

'I'm not touching you! You mustn't bite me! You know I'm not touching you!'

(ll. 89-98、イタリック原文、下線部は下記の引用箇所を表す)

(7) 前半では 'it wasn't touching' と 'he could see' の反復が耳にこだまする。'It didn't touch' や 'It hadn't touched' でなく、'It wasn't touching'（be 動詞過去形＋現在分詞形）から明らかなように、全知の語り手の「黒色部分に触れていない」という判断ではなく、目の前で起こっていることに対して、少年が自らの視点で心の「声」を自由間接思考（FIT）で語っているのが分かる。その動揺ぶりは (7') にあるように、反復の形で現れる。

(7') [1] It wasn't touching the black,
[2] he could see it wasn't touching,
[3] he could see the small line of yellow… （[ ] 内は節番号を表す）

[2] 節内 'he could see' の目的語は [1] 節 'it wasn't touching'（'the black' は省略）、続けて [2] 節の 'he could see' は [3] 節の冒頭となり、順にオーバーラップする形で畳み掛けるように反復され、少年の懸命な訴えを表している。

そこに不安を煽るかのように蛇が執拗に追いかけてくる様子が、(5) 同様、'***the*** snake stirred a*s* ***th***ough *s*en*s*ing ***the*** nearne*ss*, and rai*s*ed its head and ga*z*ed at ***the*** foot wi***th*** bright beady eye*s*, watching to *s*ee…' と、/s/ や /z/、/θ/ および /ð/ の音の連なりで強迫観念的に語られる。同時に、先行する否定形ではなく肯定形で、再度、'watching to see if it was going to touch' ととどめを刺し、追い打ちをかける。

足が触れるのを待ち構える狡猾な蛇に心理的に追い詰められた少年の感情は爆発する。この感情の爆発は、ストーリー内で唯一の、少年の実際の発話によってなされる。疑念をたたえた蛇の眼差しに反論して、少年は必死に *'I'm not touching you!'* と繰り返す。伝達節を省く自由直接話法（FDS）による叫びは、「仲介者としての語り手なしに、登場人物が読者により直接的に話しかけているよう」（Leech and Short, 2007: 258）で、最も強く激しい感情の吐露となっている。

5. 願掛けの失敗

そして遂に最後の瞬間を迎える。

(8) …and at the last moment, instinctively he put out a hand to break the fall and the next thing he saw was this bare hand of his going right into the middle of a great glistening mass of black and he gave one piercing cry of terror as it touched. (ll. 125-129)

倒れるのを避けようと本能的に少年は手を出す。動きに従えば、'he put out a hand to break the fall and…' の後に 'it touched the middle of a great glistening mass of black' という結末が続くと予想される。しかし読者の最大の関心事、果たして黒色部分に触れたのかどうか、その結末は文末まで引き延ばされ、サスペンス効果を高める。'the next thing he saw was' が示すように、語り手の視点は少年の視線を追い、少年の目はスローモーションの映像のように自らの手の行く末を追う。本来は一瞬の出来事であるが、緊迫感漂うこの長い一文が、願掛けの最後の様子を語る。

これまで足元にばかり気を取られていた少年だが、悲痛な恐怖の叫びと共に黒色部分に着地したのは、自らの手、しかし単なる his hand ではなく、まるで戦犯であるかのような 'this bare hand of his' であった。文尾に示される手の終着点、'it ***t***óuched' の語頭にある硬音 [t] が '***t***érror' の [t] と共鳴して、願掛けの終わり、少年の敗北を強く悲しく響かせる。こうして冒頭、少年が自分の手を見て始まったかさぶた取り (1) は願掛けへと繋がり、最後も同じく少年は手を見つめて終わる。

6. 母親の登場

少年の願掛けが終わった直後、急にカメラが切り換わるように場面が一転して (9) が語られ、ストーリーは幕を閉じる。

(9) Outside in the sunshine, far away behind the house, the mother was looking for her son. (ll. 130-131)

母親が 'tea time' (5) を前に息子を探しているのだろうか。母親の登場を文末まで引き延ばし、思わせぶりで唐突な印象を与えるラストである。しかし語りと視点において、語り手が完全にコントロールを取り戻しており、その冷静さが、少年の想像力が生み出した世界から現実へと読者を引き戻す。同時に読者は、「敗戦」に打ちひしがれた少年が、願掛けや子犬のことなどすべてを忘れて、何事もなかったかのようにおやつの時間や自分の誕生日が待つ日常に戻っていくことも理解するのである。

おわりに

Dahl の作品は全般的にとてもリズミカルで、音読すると心地よいことからも、音韻やリズムをとりわけ意識して書かれていることが分かる。さらに Dahl には、'an ability instinctively to recreate and understand the child's point of view' (Sturrock, 2010: 40) が備わっていたとされる。これらが結実して生まれたのが "The Wish" という作品ではないだろうか。

本編において子どもが特有の世界観で想像力を羽ばたかせて創り出す世界を、Dahl は知覚・認識・言語化に限界がある子どもに代わって読者に提示する。そこには豊かな音やリズムの饗宴によって緊張感・切迫感が生み出され、単なるファンタジーで終わらないリアルさや臨場感が込められている。全知の語り手の背後には、少年の様子を見守り、時には少年が目にするままに自らの視点を重ねながら少年を応援している Dahl 自身の存在も感じられる。そこに読者も冒頭から巻き込まれ、主人公の少年と語り手／作者と共にこの小さな冒険に参加する。後に Dahl が生み出す数々の児童文学名作品の要となるものがこの短編には凝縮されている。

注

(1) テキストからの引用は、*Someone Like You* (London: Penguin Books, 2010, with a Foreword by Dom Joly) 所収の "The Wish" (pp. 129-132) の行数で表す。

(2) 話法表出は間接話法 (Indirect Speech)、自由間接話法 (Free Indirect Speech)、直接話法 (Direct Speech)、自由直接話法 (Free Direct Speech)、思考の表出は間接思考 (Indirect Thought)、自由間接思考 (Free Indirect Thought)、直接思考 (Direct Thought)、自由直接思考 (Free Direct Thought) を表す。間接話法・間接思考の左側にはそれぞれ、「語りによる行動の伝達」(Narrative Report of Speech Acts/ Narrative Report of Thought Acts) がある。

(3)『英語文体論辞典』（ケーティ・ウェールズ著、豊田昌倫他訳、東京：三省堂、2000 年）'fricative' の項参照。

(4) Dahl は音にも相当意識的であった。幼い頃にノルウェイの民話などを母親から読み聞かせられていたこと (Joly, 'Forward,' *Someone Like You*) や、クラッシク音楽に傾倒していたこと (Sturrock, 2010: 271) なども、音韻やリズムへのこだわりと関連があるのかもしれない。

参考文献

Fowler, R. (2003) *Linguistics and the Novel*. Abingdon: Routledge.

Leech, G. and Short, M. (2007[2]) *Style in Fiction: A Linguistic Introduction to English Fictional Prose*. Harlow: Pearson Education.

Leech, G. (2008) *Language in Literature: Style and Foregrounding*. Harlow: Pearson Education.

Sturrock, D. (2010) *Storyteller: The Life of Roald Dahl*. London: William Collins.

豊田昌倫 (2017a)「音にはスタイルがある」豊田昌倫・堀正広・今林修（編著）『英語のスタイル — 教えるための文体論入門』東京：研究社、26-36.

豊田昌倫 (2017b)「スタイルとリズム —Thomas De Quincey, *Confessions of and English Opium-Eater* 考」『現代英語談話会論集』第 12 号、1-23.

Wales, K. (2011[3]) *A Dictionary of Stylistics*. Harlow: Pearson Education.

文学語用論の試み―Hemingway を読む

菊池　繁夫

はじめに

ある小説について、これこれの作品の主題はこうだと、解釈を示している書籍や論文を見ることがある。例えば Ernest Hemingway のピューリッツァー賞とノーベル文学賞の対象となった *The Old Man and the Sea*（『老人と海』）の主題は、現代的読みをする *The New Yorker* (3 July, 2017) の ‘Hemingway, the Sensualist’ によると ‘sexual ambiguity and gender liquidity’ を底流に持つとある。そこで次のような疑問が起こってくる。Hemingway にとって ‘sexual ambiguity’ がこの作品で描きたかったとすれば、そして、それがそれほど関心のある主題（main idea）なら、他の作品にもあるだろうかという疑問が起こってくる。しかし、たとえば ‘Old Man at the Bridge’（「橋のたもとの老人」）ではそもそも女性が出て来ない。

それでは、書かれたものから、どのようにすれば作者の主題に迫ることができるであろうか。イギリスの英語学者の Mick Short (1996: 178) は次のように述べている：‘In well-constructed dramatic dialogue, everything is meant by the playwright’.（よくできた劇の台詞では全てが作者の意図のもとにある）と。つまり

① 一語一句に、作者がそれを使った理由がある

と考えるわけである。例えば *The Old Man and the Sea* の 45 ページには

“I wish I had the boy,” the old man said aloud. (45)

とあるが、何故 Hemingway は老人がカジキマグロを釣り上げようとしているところを少年に見て欲しいと老人に言わせているのか、と考える。語

句だけではない。場面設定も注意しなければならない。この釣りの場面にいるのは老人だけなのだが、何故 Hemingway は老人だけをその場に設定したのかと問うわけである。いわば、Sherlock Holmes が犯人が現場に残して行った物や、その犯人と思われる人物の動きを総合的に推論するのに似ている。

それともう一つ別の考慮すべき視点があると思われる。それは

② 同一作者による作品群を比較する

ことである。つまり 'sexual ambiguity' という主題が他の作品、たとえば *The Old Man and the Sea* には見当たらないのならば、見当たるものは何かということである。こちらは一つの犯行現場と二つ目の犯行現場を比較するのに似ている。

この「比較」という点をもう少し述べてみる。通例、フィクションを読むときには、この人物の思っていることはこうだ、あるいはこの人物がそういう行動をとったのはこういうことを思ったからだ等々、読む人によって様々な解釈の余地が出てくる。もちろん、フィクションの楽しみは、その様々な解釈ができるところにあるのだが、ここでは少し視点を変えてみたいと思う。

下の直線を見てほしい。直線状に○はいくつも並び、どれが正しい○かを特定することはできない。この○はいろいろな人が行う解釈と同じである(左の図 1)。これに右の図のようにもう一本の直線が交わるとする（図 2)：

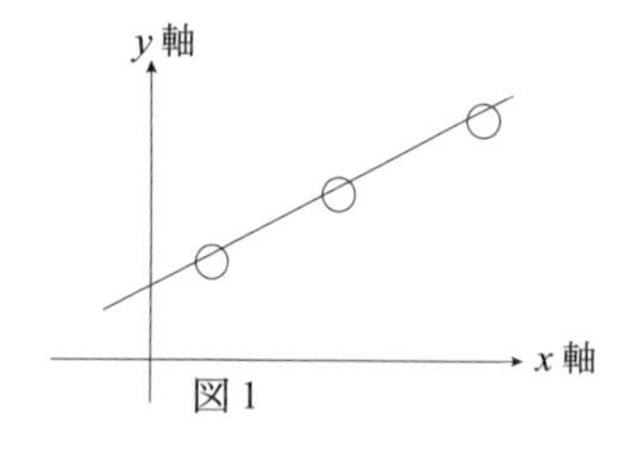

図 1

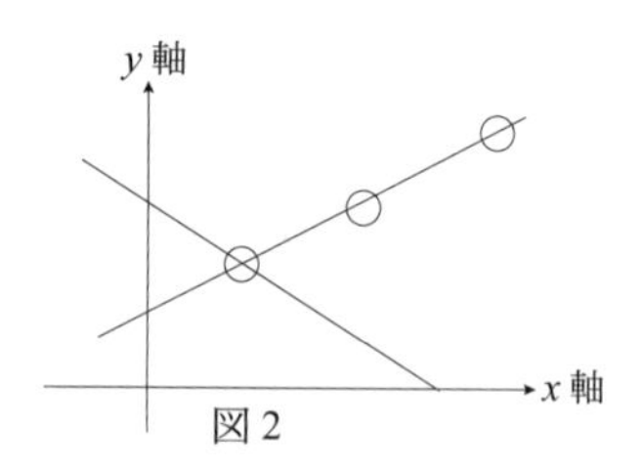

図 2

すると、一番下の○がこの連立方程式を満足させる値、つまり交点、ということになる。フィクションの解釈も同様で、同一作家が書いたいくつかの作品を横断的に見て、そこに共通のものがあれば、それをその作者が主張したいことと考えることができる。

もう一点、考慮すべき点がある。それは

③ 短編など分析しやすい作品から、長編に「推論のはしごを伸ばす」

ということである。Shakespeare なら比較的構造の簡単な *Othello* あたりから難解とされる *Hamlet* に迫る、Joyce なら *Dubliners* の中の短編から *Ulysses* に迫ってみるわけである。

この論文では、以上の三つの読み方を用いて Ernest Hemingway に迫って行くが、その際、Hemingway を最終的なメッセージの発信者 (Addresser) と見る。ナレーターは地の文を語り、セリフを伝達する役割をするが、そのナレーターもこの発信者の創造物である。以下では、まず構造の簡単な短編の 'Cat in the Rain'（「雨の中の猫」）から Hemingway に迫ってみたい。

1 'Cat in the Rain'（「雨の中の猫」）で問われている同一性の問題

ヘミングウェイの短編 'Cat in the Rain' は、イタリアのホテルに泊まっている二人のアメリカ人客の周辺的な描写から始まる。彼らは、そのホテルに泊まっている唯一のお客であった。彼らの部屋は 2 階にあって、窓から海と公園の中にある戦没者慰霊碑に面していた。この公園には、大きなヤシの木と緑色のベンチがあり、外は雨が降っていた。アメリカ人女性は、部屋の窓際に立って外を眺めていた。その窓の下には、雨の滴るテーブルの一つの下に、一匹の猫が濡れないように身を縮めていた。アメリカ女性は、その猫を取りに階下へ降りて行く。

(1) There were only two Americans stopping at the hotel. They did not know any of the people they passed on the stairs on their way to and from their

room. Their room was on the second floor facing the sea. It also faced the public garden and the war monument. There were big palms and green benches in the public garden.

:

It was raining. ... The American wife stood at the window looking out. Outside right under their window a cat **was crouched** under one of the dripping green tables. The cat was trying to make herself so **compact** that she would not be dripped on.

'I'm going down and get that **kitty**,' the American wife said.

'I'll do it,' her husband offered from the bed.

'No, I'll get it. The poor **kitty** out trying to keep dry under a table.'

The husband went on reading, lying propped up with the two pillows at the foot of the bed.

'Don't get wet,' he said.　　　　（太字は筆者。以下同じ）(167)

続けての展開はこうである。アメリカ女性は、テーブルのところまで行くと猫がいなくなっているのに気がつく。彼女は、部屋に戻って来て、そして、夫 George が、自分が部屋を出て行った時と同じ姿勢で、ベッドの上で本を読んでいるのに気づく。そこへ、メイドが a big tortoise-shell cat（大きな三毛猫）をぶら下げて入って来る。果たしてこの猫は、雨の中で女が見た猫と同一であろうか、という展開である。

下で述べるが、初めからこの雨の中の猫は、この短編のために特に用意された言語的装置と、それらが使われるセッティングのおかげで、同一性 (identity) が不明になるようになっている。

以下では、いくつかの Hemingway 特有の言語的装置とセッティングによって、いかに猫が同定不能にされているかを見て行く。

1.1「猫」をあいまいにする二つの装置

1.1.1 第 1 の装置：二つの形容詞と 2 階の部屋

まず猫の同一性の根拠を薄弱なものにする語りの装置について考えてみ

る。それには二つある。二つのあいまいな形容詞（crouched（註：過去分詞の形容詞用法）と compact）と a kitty（子猫ちゃん）という子猫を意味する名詞、それとアメリカ人夫婦の取った 2 階という部屋の位置がその装置である。

このアメリカ人女性が窓から見て a kitty と呼んだ猫は果たして本当に「子猫」であったのか。離れていたので小さいと思い込んだのではないか。そういった疑問が出てくる。もし猫が小さいと思わせる技巧がこの a kitty（'an affectionate way of referring to a cat or kitten'(*Collins Dictionary On-line*)；定義の中の 'kitten' は同辞書によると 'a very young cat' となっている）という言葉だとすると、他にもこの猫の小ささを示す、あるいは、小さいと見間違わせるような技法があるのではないだろうか？この部分に当たると思われる箇所が crouched（身をかがめていた）と compact（身を縮めていた）という、登場人物の視点を借りた、作者の叙述の箇所がこれに当たる。この女性は自分が欲しいと思っている主観的な小さなイメージとしての a kitty を発することで、読者はその主観的イメージを易々と共有してしまう。猫がテーブルの下にはいないことに気づいて女性がつぶやく不定冠詞付きの二度目の a kitty という言葉は、したがって、こういう文脈の中で発せられた言葉である：

(2) "Yes," she said, "under the table." Then, "Oh, I wanted it so much. I wanted **a kitty**. (168)

次に場面設定を見ることにする。なぜ 2 階から猫を見るのかという疑問には、1 階で、しかも庭の近くで猫を見るとどうなるだろうか。まず猫が間近に見える。間近に見えるとどういう猫かはっきりと認識できる。ところが、この短編では、最後に a big tortoise-shell cat（大きな三毛猫）がメイドによって連れて来られ、この視点の持ち主である夫（そして同時に読者）が意外な感じを受ける。意外な感じを受けるというのは、big と tortoise-shell という形容語句によって猫が特殊化されていることから来ている。このように意外な効果を出すためには、この初めの段階で大小や種類など猫に明確な点が出ていては困るので、猫の属性が分かりにくいようにしておく必要がある。そのために2階から下の猫を見させる工夫がされていると考えられる。1階のロビーからでは間近に見るので、雨の中にいる猫の属性がはっきりしてしまう。3階ではどうかというと、属性が分からないようにするという目的には少々遠すぎて、そのため技巧が見えてしまう。2階がこの点で最も自然な距離といえるであろう。猫の同定を難しくする装置として、これらに、斎藤(1996)のいう、雨の効果というものを加えてもいい。

猫は本当に小さい猫だったのかも知れない。その客観的属性はこれらの小さい状態を示す語によって、また2階の窓から猫を見るという装置によってわからなくされているために、読者は猫は小さいと思い込んでしまう。

このように、二つの形容詞（crouchedとcompact）と女性の発するa kittyという言葉で読者に猫は小さいと思わせる技法と、猫を2階の部屋から見せるという技法によって、その猫の大小と種類に関して拠るべき判断基準をなくされた読者は、猫が小さいと思い込まされてしまうわけである。そして、その期待がそのまま最後まで持続する。物語の終わりにa big tortoise-shell cat（大きな三毛猫）が出てくることによって期待挫折が引き起こされるためには、まず初めの段階でこのような設定があったのである。

Carter (1982: 76) は、この「雨の中の猫」と「メイドが持って来た猫」との同一性は感じられないとしている。

(3) I do not see a correlation here between 'cat' and 'kitty'. To me, this is a grotesque outcome to the kind of associations aroused in me by the word 'kitty'.
（catとkittyという言葉の間には、私には相関性が感じられない。これは、kittyという言葉によって私の中に引き起こされる連想からすると、異様な結末である。）

Carterは慎重にこの段階で判断を止めているが、Stubbs (1983: 209) はさらに踏み込んで二つの猫は「別の猫」('a different cat' (205)) とした上で、その理由を次のように述べている。

(4) My interpretation is therefore that Hemingway implicates that it is not the same cat. He does this by inserting information which is otherwise irrelevant: that the maid brings *a big tortoise-shell cat*. Informally, we might say that there is no reason to mention what kind of cat it is, unless this is significant, and unless we are expected to draw our own conclusion.

(ヘミングウェイは同じ猫ではないということを文脈上含意しているというのが私の解釈である。なぜなら、そうでなければ本筋と無関係なはずの情報、即ち、メイドが「大きな三毛猫」を持ってくるということを挿入しているからである。非公式な言い方をすれば、それが特別な意味を持たない限り、また我々が自らの結論を引き出すことが期待されていない限り、それがどんな種類の猫かを述べる理由がないと言える。 (南出・内田訳)

猫についてのこの感覚は、こういった錯覚を引き起こす、先に述べた猫を小さいと思わせる、しかし実際には同定を不可能にする文体装置によって引き起こされた感覚である。

1.1.2 第 2 の装置：一人の目撃者と伝聞

猫の同定を難しくするもう一つの装置は、夫が本を読みながらベッドに寝ているという設定である。Hemingway はこのように夫をベッドに寝かせて本を読ませることで、夫は窓辺に行って猫を見ないことになる。つまり、猫を見るのが女性のみとなる。もし夫が椅子に座っていたとした場合、窓辺まで行って女の示す方を見ないのは不自然なので、そのため、Hemingway は夫をベッドに寝かせて本を読ませた。これによって、男は雨の中の猫を「目撃」することなく、最後の場面で現れた実体としての猫だけに接することとなる。従って、「雨の中の猫」の存在については、レポーターとしての女の説明による「伝聞」のみに頼ることとなるわけである。

1.1.3 第 3 の装置：猫から目を離す女、そして同一性の喪失

これらの不確定性を生ずる設定 (2 階の部屋と二つの形容詞、唯一の目撃者) を確かなものとするように、さらに、その女性が猫から目を離して猫の同一性を見失うようになっている。唯一の目撃者である女性は、一度猫から目を離してからそれを取りに行かざるを得なくなるのであるが、「目を離す」ことによって、猫の同一性を保証する手立てが失われてしまう。特筆すべきは、女が猫から目を離すことと、その夫が猫を見ないということで、これらは周到に用意された対の設定となっている。さらに、メイドも猫を見ない。パドローネが猫をメイドに持って行くように言うのは、メイドが彼にアメリカ女性が猫を探していたと報告したためと考えられるが、メイドは猫を見ていないのであるから、仮に持って行った猫が庭のどこかにいたものであっても、それが女の見た猫と同一という保証はない。この唯一の目撃者であるアメリカ女性が猫から目を離すのであるから、この瞬間から、以後、猫の同定は不可能となる。

以上のことから、この作品で Hemingway はレポートされる実体とレポートされる内容には違いがあることがあるという点を主張しているように思われる。以下ではこの点を他の作品との比較で確認してみる。

2 伝聞と実体 : 他の作品との比較

ここでは、作品横断的に Hemingway の他の作品に見られる同一の主題を論じたい。

'The Killers'「殺し屋」も同一のテーマを扱っている：

(5) "Well, good-night, Mrs. Hirsch," Nick said.

"I'm not Mrs. Hirsch," the woman said. "She owns the place. I just look after it for her. I'm Mrs. Bell."

"Well, good-night, Mrs. Bell," Nick said.

"Good-night," the woman said. (288)

この箇所では、Mrs Bell が本当に Mrs Bell であるという保証は彼女のことば以外にはない。Brooks and Warren (1975: 190) は 'the Porter at Hell Gate in *Macbeth*'（Shakespeare の *Macbeth*『マクベス』に出てくる地獄の門番）のごとく 'the world of normality'（正常な世界）を彼女が表しているとしているが、それだけではなく、ことばとそれの示す実体へのこだわりが示されていると見るべきであろう。この短編では、全体としては、殺されようとしている Ole Andreson の思っている人達と食堂に来た男達の同一性が問われていると言えるであろう。Andreson がレポーターとしての Nick による男達の描写を拒否したのは、そういった「男達の実体」と「レポートされる男達」の持つ同一性の曖昧さを拒否しているからである。この作品は、タイトルに定冠詞 (the) と複数語尾 (-s) が付けられていることからも分かる通り、'Cat in the Rain' とは対照的に、明確な同一指示を示す言語装置がある上での同一性への問いかけが主題であると言えるであろう。

'Old Man at the Bridge'「橋のたもとの老人」もそうである。これは動物達を置いて逃げて来た老人が橋のたもとでそのことを語る物語であるが、この 'Cat in the Rain' のアメリカ女性や 'The Killers' の Nick と同じく、レポーターとしての役を与えられているこの老人の話が実体と合っているかどうかどうかは不明である。

有名な *The Old Man and the Sea*（『老人と海』）も同様な読み方ができる。そこでの少年は、同一性を証言する、いわばその場での事実としての出来事の目撃証人の役を与えられている。

この作品では老人が一人メキシコ湾で漁をしていて、その最中に何度か次のように言う。

(6) "**I wish I had the boy**" the old man said aloud. (45)

:

(7) Then he said aloud, "**I wish I had the boy**. To help me and **to see this**." (48)

:

(8) "**I wish the boy was here**," he said aloud and settled himself against the rounded planks of the bow and felt the strength of the great fish through the

line he held across his shoulders moving steadily toward whatever he had chosen. (50)

:

(9) Aloud he said, “**I wish I had the boy**.” (51)

:

(10) “**I wish the boy were here** and that I had some salt,” he said aloud. (56)

あの少年がここにいて手を貸してくれるといいのだがという意味であるが、Hemingway はこの言葉を何度か老人に言わしめ、その場には老人一人であること、つまり ‘Cat in the Rain’ の女性同様、目撃者がいないことを強調している。このように海の上での出来事を証言する者はいないにもかかわらず、港に帰ってきた老人の釣り船には動かぬ物的証拠としてのマーリンの the skeleton（骨）が縛りつけられていて、老人の話が事実であったことを証明している。そのため、マーリンの長さを告げる港の漁師に対して

(11) “**I believe it**,” the boy said. (123)

と答える。この骨も a big tortoise-shell cat と同じく、実体であるという点で、我々の注意を引くが、そこには老人の話の中に出て来るマーリンとの連続性がある。唯一の違いは、マーリンはその骨を entail（論理的に含意）するのに対し (a marlin has a bone)、猫 (a cat) は大きいこと (big-ness) と三毛であること (tortoise-shell-ness) を entail（論理的に含意）しない (*a cat is big / tortoise-shell)。従って、「骨」はその所有者の存在の証拠となるが、「大きいこと / 三毛であること」の場合は、その形容語句が付けられる存在が、雨の中にいた猫であることにはならならないわけである。

結論

作家 Hemingway の語りのテクニックから引き出される、彼が語りたか

った主題としては、「レポートされるもの」(the reported) は、必ずしも「指示されているもの」(the referent) と同一ではないということであると思われる。この点は、彼自身がレポーターとして経験した、言葉が描くフィクション (linguistic fiction) と事実 (fact) の間には微妙な相違点があるという現実である。彼は、人間の用いる言葉による「レポート」の「虚構性」と「曖昧にされる同一性」、といった問題に経験上関心をいただき続けた。この点は現代に通じる主題であると言えよう。

註

(1) この論文の初期のものは (菊池 : 2002) である。本論考ではこの論文をベースにした。また、言葉による危うさを描いた Hemingway と異なり、言葉による人を動かす力、perlocutionary（発語媒介行為）な力を信じた三島由紀夫との対比を Kikuchi (2007) で述べた。Wikipedia の ‘Cat in the Rain’ のページに “iceberg theory” としてこの論文への言及がある。初期の頃に故 Geoffrey Leech 教授から文学作品は全て言語的フィクション (linguisitc fiction) であるというご意見を賜ったが、Hemingway は、その作品の中で、言葉のフィクション性を作品という言語的フィクションを通して描き出したと言えるであろう。

参考文献

Brooks, Cleanth and Warren, Robert P. (1975) ‘The Killers’, in Benson, Jackson J. (ed.) *The Short Stories of Ernest Hemingway: Critical Essays*. Durham: Duke Univ. Press. pp.187–196.

Carter, Ronald (1982) ‘Style and interpretation in Hemingway’s “Cat in the Rain”’, in his *Language and Literature*. London: George Allen & Unwin. pp.65–80.

Gopnik, Adam (2017) ‘Hemingway, the Sensualist’, *The New Yorker*, 3 July. Available at: https://www.newyorker.com/magazine/2017/07/03/hemingway-the-sensualist (Accessed: 12 March 2019).

Hemingway, Ernest (1955 [1938]) *The Fifth Column and the First Forty-nine Stories*. New

York: Charles Scribner's Sons.

Hemingway, Ernest (1980[1952]) *The Old Man and the Sea*. New York: Charles Scribner's Sons.

菊池繁夫 (2002)「雨の中の猫とベッドの上のジョージ、そして語る女 — 指示 (reference) の先に指示対象 (referent) はあるか？ —」, 山口昌男・室井尚（編）『記号論の逆襲』（記号学会 20 周年記念出版）. 東海大学出版会 . 194–205.

Kikuchi, Shigeo (2007) 'When you look away: "Reality" and Hemingway's verbal imagination'. *Journal of the Short Story in English: Les Cahiers de la Nouvelle*, 49 (Hemingway special issue)(Université d'Angers, France), pp. 149–155.

斎藤兆史 (1996)「テクストと文体」川本皓嗣・小林康夫（編）『文学の方法』. 東京大学出版会 . pp.53–71.

Short, Mick (1996) *Exploring the Language of Poems, Plays and Prose*. London: Longman.

Stubbs, Michael (1983) *Discourse Analysis*. London: Blackwell. (南出康世・内田聖二（訳）『談話分析 — 自然言語の社会言語学的分析』研究社 , 1989)

Roald Dahl の 'The Way up to Heaven' における
技巧とプロットの構成

田淵　博文

はじめに

Roald Dahl (1916-1990) の短編　'The Way up to Heaven' は、1954 年 2 月 27 日の New Yorker 誌に初めて掲載されたものである。本稿では、この短編を用いて、プロットの展開に従いながら、いかに技巧的にこの作品が作り出されているのかを検証してみたい。導入部、展開部、終結部のテキストの一部の描写を取り出し、どのような言語的仕掛けがなされ、読者を最後まで飽きさせないような工夫がなされているのかを具体的に検証する。

1. 導入部の描写

この節では主人公である Mrs Foster と彼女の夫である Eugene Foster の描写について分析し、言語表現を取り出し、この夫婦の関係がどのように描かれているのかということについて概観する。

テキストは、*The Collected Short Stories of Roald Dahl* (London: Penguin, 1992) を使用した。(以下引用文の後の(　　)の中にページ番号を記す。また、太字・下線は筆者による。)

短編を分析する際に大切なことは、どのように導入部、展開部、終結部が構成されているのかを把握することである。以下のようになっている。

導入部（37 – 43, l.39）: フォスター夫妻の登場と彼らの関係性
展開部（43, l.40 – 47, l.16）: 2 日目の描写とフォスター夫人のパリ滞在
終結部（47, l.17 – 48, l. 12）: フォスター夫人のニューヨークへの帰着

短編小説の導入部というのは、登場人物や事件についての必要な説明や描写を行い、読者の読みたいという欲求をかもし出す大切な部分である。

書き出しで読者が短編小説に興味を示さなければ、最後まで読まれる可能性は低い。それゆえ、作家というものは書き出しの1文に心血を注ぐものである。

この考え方に基づいて、導入部を検討する。以下のように始まっている。

> All her life, Mrs Foster had had an almost pathological fear of missing a train, a plane, a boat, or even a theatre curtain. In other respects, she was not a particularly nervous woman, but the mere thought of being late on occasions like these would throw her into such a state of nerves that she would begin to twitch. It was nothing much – just a tiny vellicating muscle in the corner of the left eye, like a secret wink – but the annoying thing was that it refused to disappear until an hour or so after the train or plane or whatever it was had been safely caught. (37)

冒頭でこの短編の主人公であるフォスター夫人が登場し、彼女の時間に遅れることに対する病的なほどの恐怖心（性格）が露呈する。冒頭の書き出しの、1行目の pathological という単語に読者は衝撃を受けるのである。左眼の隅の筋肉がぴくぴくと痙攣し、1時間ぐらいその状態が続いている。

なぜ彼女が時間に遅れるということに関して病的になっているのかという理由は、夫が原因であることが以下の描写から理解できる。

> Mr Foster may possibly have had a right to be irritated by this foolishness of his wife's, but he could have had no excuse for increasing her misery by keeping her waiting unnecessarily. Mind you, it is by no means certain that this is what he did, yet whenever they were to go somewhere, his timing was so accurate – just a minute or two late, you understand – and his manner so bland that it was hard to believe he wasn't purposely inflicting a nasty private little torture of his own on the unhappy lady. And one thing he must have known – that she would never dare to call out and tell him to hurry. He had disciplined her too well for that. (37)

亭主関白の夫と従順な妻という関係、言い換えれば、支配する側と支配される側という関係である。引用の最後の行で、夫が妻をよくしつけていたと記されている。語り手は 3 人称の語り手である。語り手は、この段落の 3 行目と 5 行目で読者に語りかけているかのように、mind you や you understand を用いて読者との距離を縮めている。全知の（すべてのことを見通すことのできる）語り手のように、読者に色々とヒントを与えるのである。

フォスター夫妻がニューヨークの東 62 番街 9 番地の 6 階建てのマンションに住んでいることが分かる。しかし、語り手は It was a gloomy place, and few people came to visit them. (38) と述べている。読者はなぜマンションが 6 階建てなのに、陰気で彼らを訪ねてくる人が殆どいないのかと不思議に思うのである。訪ねてくる人が殆どいないことが、この短編の伏線になっている。

夫に関しては、もうすぐ 70 歳になる顎ひげをたっぷりとたくわえた、きびきびとした老人と表現されているが、その半面、リスの比喩を用いて以下のようにも描写されている。展開部にもヤギの比喩が用いられているので、この箇所でまとめて引用しておく。

> He had a peculiar way of cocking the head and then moving it in a series of small, rapid jerks. Because of this and because he was clasping his hands up high in front of him, near the chest, he was somehow like a squirrel standing there – a quick clever old squirrel from the Park. (40)

> Mr Foster came out five minutes later, and watching him as he walked slowly down the steps, she **noticed** that his legs were like goat's legs in those narrow stovepipe trousers that he wore. (44)

井上義昌編『英米故事伝説辞典』によると、リスは日本語の「たぬき」に劣らない思いがけない連想を伴う動物として紹介されている。ヤギはずっと昔から罪悪の観念と結び付けられ、悪魔の伝説と連想されると記されている。[1] フォスター氏はリスのように首を曲げて、何度も続けて小さく急にぴょこぴょこ動かすという妙な癖があり、ヤギのように顎ひげを生やしていて、細長いズボンをはいているのでヤギの脚みたいである。「古狸」や「悪玉」であるかのように表現されていて、徐々に本性が暴かれていくのである。Noticed という動詞が使用され、妻が少しずつ夫の本性に気づいていく様子がわかる。

貞淑で従順そうな妻がいかに変貌するのかという点に注意しながら、展開部の分析を試みることにする。

2. 展開部の描写

パリ行きの飛行機が濃霧のために 1 日遅れて出発することになり、フォスター夫人は自宅に戻り、睡眠をとり翌日の朝 9 時に家を出発しようとする場面である。パリには、娘のエレン がフランス人と結婚し、3 人のかわいい孫がいるので、飛行機に乗り遅れないように、早くから起きて夫を待っている。この夫婦は、別々の階に暮らし、マンションの入り口のところで待ち合わせをしている。夫が車の後ろの座席のシートの中に、櫛の入った娘への土産（小さな箱）を故意に無理やり押し込んでいた場面である。以下のように表現されている。

> At this point, Mrs Foster suddenly spotted a corner of something white wedged down in the crack of the seat on the side where her husband had been sitting. She reached over and pulled out a small paper-wrapped box, and at the same time she couldn't help **noticing** that it was wedged down firm and deep, as though with the help of a pushing hand. (45)

ここでも、noticing という単語が使用されていて、夫が故意に隠していたことに彼女が気づいている。 夫がマンションに入ったが出てこないので、早く降りてくるように入り口の鍵穴に鍵を差し込み、まさに開けようとして思いとどまる場面である。以下のように描写されている。

> She hurried out of the car and up the steps to the front door, holding the key in one hand. She slid the key into the keyhole and was about to turn it – and then she stopped. Her head came up, and she stood there absolutely motionless, her whole body arrested right in the middle of all this hurry to turn the key and get into the house, and she waited – five, six, seven, eight, nine, ten seconds, she waited. The way she was standing there, with her head in the air and the body so tense, it seemed as though she were listening for the repetition of some sound that she had heard a moment before from a place far away inside the house. (45-46)

妻が顔をドアに近づけ、全く静止した状態で立ち、全身が止まっているかのように描かれている。以下の下線を引いた誇張法（hyperbole）である absolutely や whole や right や all などの語（absolutely motionless や her whole body や right in the middle of all this hurry）が 緊迫した場面をかもし出している。5 秒から 10 秒までの沈黙の時間が、さらに緊迫感を生み出している。3 人称の語り手は、it seemed as though... と続けて、彼女が今しがた家の中の遠く離れた場所から聞こえてきた「ある音の繰り返し」に耳をすましているかのようだったと読者にその音の正体について考えさすような伏線が張られている。その次の段落でも、語り手は彼女の様子について it seemed... を用いて、家の奥からかすかに聞こえてきたこれらの音を分析しようとしているように見えたと畳み掛けるように言葉を続けている。

> ...she remained in that position, head up, ear to door, hand on key, about to enter but not entering, trying instead, or so it seemed, to hear and to analyse these sounds that were coming faintly from this place deep within the house. (46)

読者は終結部において、「ある音の繰り返し」が何であったのかということについて理解するのである。The repetition of some sound とあいまいな some を効果的に用いたり、these sounds that were coming faintly from this place deep within the house と言い換えて読者の想像力を誘発している。

彼女は家の中に入らず運転手のところに戻り、出発するように命令する。運転手に対する、フォスター夫人の表情や態度や口調が急変していることが以下の描写から分かる。

> The chauffeur, had he been watching her closely, might have **noticed** that her face had turned absolutely white and that the whole expression had suddenly altered. There was no longer that rather soft and silly look. A peculiar hardness had settled itself upon the features. The little mouth, usually so flabby, was now tight and thin, the eyes were bright, and the voice, when she spoke, carried a new note of **authority**. (46)

彼女を注意深く見ていたら、運転手は彼女の顔が青ざめ表情も一変していることに気づいていたかもしれないと述べている。しまりのない小さな口が唇が薄くなるほどきつく閉じられ、眼はきらきらと輝き、声は威厳を感じさせるような響きに変わっている。彼女に似つかわしくない authority と言う単語が使用されている。なぜ彼女がこのように変貌したのかと言う理由が徐々に分かってくる。

「ある音の繰り返し」の正体は、夫の乗ったエレベーターが、2 階と 3 階の間で止まった音だったのである。彼女はその音を聞き耳を立てて聴いていたのにもかかわらず、家の中に入り夫を助けようとせず、娘が住んでいるパリに向けて平然と旅立つのである。6 週間の滞在期間中に、夫に向けて毎週火曜日になると手紙を書き続けるのである。

滞在を終えてケネディー空港に到着した終結部の描写について考察する。

3. 終結部の描写

終結部は作家にとって冒頭の書き出しと同じくらい心血を注いで書くところであり、プロットの論理構成の統一が取れていることを読者に証明する部分でもある。終結部は以下のように始まっている。

> Arriving at Idlewild, Mrs Foster was interested to **observe** that there was no car to meet her. It is possible that she might even have been a little amused. But she was extremely calm and did not overtip the porter who helped her into a taxi with her baggage.
>
> New York was colder than Paris, and there were lumps of dirty snow lying in the gutters of the streets. The taxi drew up before the house on Sixty-second Street, and Mrs Foster persuaded the driver to carry her two large cases to the top of the steps. Then she paid him off and rang the bell. She waited, but there was no answer. Just to make sure, she rang again, and she could hear it tinkling shrilly far away in the pantry, at the back of the house. But still no one came. (47)

ケネディー空港に到着したが、出迎えの車は来ていなかった。しかしフォスター夫人は、極めて冷静で落ち着いていることが、extremely calm の表現からわかる。浮かれてポーターにチップを多めに渡してもいない。自宅にタクシーが着くと、運転手に二つの大きな旅行鞄を玄関前の階段の一番上まで運んでもらって料金を払い呼び鈴を鳴らしている。何の応答もないので、もう一度鳴らしている。聞こえてくるのは、家の奥の遠く離れた食糧貯蔵室から聞こえてくる呼び鈴の甲高い音だけである。

誰も出てこないので、彼女は鍵を取り出して玄関のドアを開け中に入る。最初に彼女が目にしたものは郵便受けから床にこぼれ落ちている郵便物の山であった。その閑散とした内部の状況が以下のように表現されている。

> The place was dark and cold. A dust sheet was still draped over the grandfather clock. In spite of the cold, the atmosphere was peculiarly oppressive, and there was a faint and curious odour in the air that she had never smelled before. (47)

この 3 文の中の単語に注意してみると、下線を引いた語頭に、無声破裂音（/p/, /k/）が響いていることが分かる。この音素の音の響きから彼女が目にした光景が、暗くて寒々とした殺風景な状況であることが読者に伝わってくる。Cold が 2 回使われていて、3 文中に 6 回も無声破裂音が響き、家の中のピーンと張りつめた重苦しい状態や冷たさを強調している。

また、彼女が今まで嗅いだことがないような、かすかな奇妙な臭気がこの部屋に立ち込めているのである。読者はこの臭気は何からきているのかと訝り始め、エレベーターに閉じ込められていた夫の腐乱死体の臭いであると気づき始めるのである。真冬（1 月と 2 月）のエレベーターの中で、飲まず食わずの状況であれば、死ぬ確率は高い。エレベーターが止まり、夫が閉じ込められていたことをフォスター夫人はパリ出発の直前に耳で聞き取っていた。パリから夫に宛てて手紙を出していたのは、自分のアリバイ工作のためである。貞淑で従順であるはずの妻が夫に復讐するというプロットになっている。これに続く段落で、彼女の行動と表情が巧みに描かれている。

> She walked quickly across the hall and disappeared for a moment around the corner to the left, at the back. There was something deliberate and purposeful about this action; she had the air of a woman who is off to investigate a rumour or to confirm a suspicion. And when she returned a few seconds later there was a little glimmer of satisfaction on her face. (47)

この異様な状況下でも、彼女は取り乱したり慌てたりすることなく、玄関ホールを足早に奥まで進み、左手の角を曲がったところで一瞬姿が見えなくなっている。しかし 3 人称の語り手は、彼女の行動に計画的でわざとらしさがあり、噂を調査する或いは懸念を立証するために向かう女の風情をかもしていたと表現している。また、数秒後に戻ってきたときには顔に満足した兆しがあったと続けている。読者は investigate a rumour や confirm a suspicion という表現が、彼女が夫の死を確認する作業であったことを知り、彼女が満足げな表情をうっすら浮かべていることに唖然とするのである。

それから、彼女は玄関ホールの中央に立ち以下のような行動をしている。

> She paused in the centre of the hall, as though wondering what to do next. Then, suddenly, she turned and went across into her husband's study. On the desk she found his address book, and after hunting through it for a while she picked up the phone and dialled a number. (47-48)

彼女は次に何をすればいいかと考えているが、それから急に振り返り夫の書斎に入り、住所録を見つけ、受話器を取り上げ電話をかけている。Then, suddenly という副詞を用いて、静から動へと談話の流れを変えている。それから、彼女は夫の死に関して何も知っていないかのような会話をしている。

> 'Hello,' she said. 'Listen – this is Nine East Sixty-second Street...
>
> Yes, that's right . Could you send someone round as soon as possible, do you think? Yes, **it** seems to be stuck between the second and third floors. At least, that's where the indicator's pointing... Right away? Oh, that's very kind of you. You see, my legs aren't any too good for walking up a lot of stairs. Thank you so much. Good-bye.' (48)

エレベーターの修理会社の人に電話している口調と彼女の落ち着き払った豹変した彼女の態度に、読者は違和感を覚えるのである。

この終結部では、この部屋の状況と彼女の行動や言葉が淡々と描かれているだけである。シーンと静まり返った部屋に腐乱した死体の臭気が立ち込めている異様な雰囲気の場面で、読者は電話の会話を通して初めて人間の生の声（の響き）を耳にするのである。

この会話を通して言えることは、フォスター夫人は夫がエレベーターの中に閉じ込められて死んでいるという事実を全く伝えていないことである。脚が悪くて階段が上りづらいので修理人を遣してくれと語っているだけである。夫が死んでいたことに気が動転して慌てた様子は、微塵も感じられない。

会話文の 3 行目で、エレベーターを指し示す単語が it になっているのは、読者もすでにこの話の内容を察知していて、プロットの展開につき合っているのである。この終結部の最後の文は以下のように終わっている。

> She replaced the receiver and **sat** there at her husband's desk, **patiently** waiting for the man who would be coming soon to repair the lift. (48)

読者が驚くのは、彼女が夫の机に向かって座り（sat）、辛抱強く（patiently）修理人を待っているという表現である。冒頭の第 2 パラグラフの表現（... Mrs Foster would step out of the elevator all ready to go, with hat and coat and gloves, and then, **being quite unable to sit down, she would flutter and fidget about from room to room** until her husband,...) (37) と好対照を成している。

上記の引用箇所の太字の部分では、「じっと座っておることができず、落ち着かずにそわそわ歩き回る（flutter and fidget about)」という頭韻 /f/ を踏んだ類句を重ねた強意表現になっている。

冒頭の病的なほどに時間に神経過敏なフォスター夫人と、終結部の沈着冷静な彼女との態度の相違に、読者は驚愕するのである。

おわりに

ダールの短編を導入部、展開部、終結部のテキストの一部を抽出し、言語的に分析を試みてきた。読者を飽きさせないような工夫がプロットの構成だけでなく、3 人称の語り手による読者への効果的なヒントや誘導、無声破裂音の頭韻による音の響きの効果やフォスター夫人や運転手の心の様相を表す notice や observe（短編に頻出する他の動詞 see, find）などの心的動詞の使用や誇張（強意）表現や it seemed (as though)... や some を用いたあいまいな表現法などを駆使して、論理的に巧みに構成されていることが分かった。

この短編のタイトル 'The Way up to Heaven'（「天国への登り道」）は、'go to heaven' が「（死んで）天国に行く」という意味なので、フォスター氏がエレベーターに乗ってたどり着いた先を考えると題名の語呂あわせが理解できる。夫の死亡事件を解く鍵は、フォスター夫人が家を出る寸前の描写とパリでの 6 週間の滞在を終えて帰着した状況描写に負っている。その双方の描写が緻密に表現されていて一貫性がある。この作品は、導入部、展開部、終結部が相互に関連しあいながら、夫の死に関して彼女が無罪であることを立証できるように巧みに構成されている。そして、Toolan が指摘しているように、終結部において盛り上がりを見せている。[2]

ダールがこの短編のプロットを生み出したヒントは、彼の大恩人でニューヨークの東 92 番街に住んでいた Charles Marsh が偶然にエレベーターに閉じ込められたという話を耳にしたことによるのである。[3] 夫婦間の力関係が逆転し狂気の方向に踏み出す人物を描くダールの筆さばきは見事である。

註

(1) 井上義昌編、『英米故事伝説辞典』(冨山房、1972)、270, 608.

(2) Michael Toolan, "Is Style in Short Fiction Different from Style in Long Fiction?" *Stylistics* vol. IV. ed. Masanori Toyota. (London: Sage, 2018), 237-247.

(3) Jeremy Treglown, *Roald Dahl* (London: Faber and Faber, 1994), 112.

参照文献

Leech, G. N. and M. H. Short (1981) *Style in Fiction*. London: Longman.

Lodge, D. (1992) *The Art of Fiction*. London: Penguin.

Toolan, M. (2008) "Narrative Progression in the Short Story: First Steps in a Corpus Stylistic Approach." *Narrative*. 16 (2), 105-120.

豊田昌倫、堀正広、今林修(編著)(2017)『英語のスタイル―教えるための文体論入門』研究社 .

West, M. I. (1992) *Roald Dahl*. New York: Twayne.

『ハリー・ポッター』の英語原文と日本語訳文の比較
—語り手視点と登場人物視点

都築　雅子

1. はじめに

認知言語学で用いられる重要な概念の 1 つに事態把握がある。事態把握とは、話し手が発話に先立ち、言語化しようとする事態のどの部分を言語化し、どの部分を言語化しないか、言語化する部分についてはどのような視点から言語化するかということの選択に関わる認知的な営みであり、大別すると主観的把握と客観的把握の 2 つの仕方に分かれる（池上 2003, 2004, 2011）。主観的把握とは、「話し手が問題の事態の中に自らの身を置き、その事態の当事者として体験的に捉える（実際には問題の事態の中に身を置いていない場合であっても、その事態に臨場する当事者であるかのように把握する）仕方」であり、一方、客観的把握とは、「話し手が問題の事態の外で、傍観者ないし観察者として客観的に事態把握をする（実際には問題の事態の中に身を置いている場合であっても、話し手の分身をその事態の中に残したまま、その事態から抜け出し、事態の外から客観的に自己の分身を含む事態を把握する）仕方」である（池上 2004）。[1]　視点という観点からは、客観的把握は外の視点からの捉え、主観的把握は内の視点からの捉えといえる。どちらの事態把握で言語化されやすいかについては、言語により傾向があり、池上 (2003, 2004, 2011)、中村 (2004, 2009) など一連の研究により、日本語は主観的把握の傾向が強く、英語は客観的把握の傾向が強いことがわかってきている。

本稿では、*Harry Potter and the Philosopher's Stone* の英語原文 (1 章の中の 2 場面) を、事態把握の主観性／客観性の観点から日本語訳文と比較考察する。[2]　1 章では、ハリーの叔父夫婦ダーズリー一家が紹介された後、生き残ったハリーの出現を暗示する奇妙な出来事の数々に恐れおののくダーズリー氏の様子が描かれている。日本語訳文と比較しながら、客観的把握の傾向の強い英語で、どのように捉えられ / 描かれているかを、語り手視点と登場人物視点の観点から考察する。[3] 比較考察を通し、日本語訳文は、語り手が登場人物の視点に重なろうとする傾向をもち、完全に登場人物視点に移行する場合もあるのに対し、英語原文は、たとえ登場人物の視点からの捉えになっても、語られる事態の外にいる語り手のメタ的 / 観察者的視点を維持していると論じていく。

2. 英語原文の考察—日本語訳文との比較を通して

小説の語りは、基本的には登場人物の位置する語り世界について、語り手が外から語るという構図になる。視点という観点からは、主に登場人物の視点と語り手の視点が関わることになる。以下、登場人物視点と語り手視点の重なりと交錯を中心に分析 / 考察する。

2.1 語り手による客観的描写 (1)—過去時制と人称代名詞の使用

場面 I

(p.7)	(pp.5-6)
The Dursleys had everything they wanted but they also had a secret, and their greatest fear was that somebody would discover it. (a)They didn't think they could bear it if anyone found out about the Potters. Mrs Potter was Mrs Dursley's sister, but they hadn't met for several years; in fact, Mrs Dursley pretended she didn't have a sister, because her sister and her good-for-nothing husband were as unDursleyish as it was possible to be.	そんな絵に描いたように満ち足りたダーズリー家にも、たった一つ秘密があった。夫婦がなにより恐れたのは、だれかにその秘密を嗅ぎつけられることだった。 (a') —あのポッター一家のことが知られてしまったら、一巻の終わりだ。 ポッター夫人はダーズリー夫人の実の妹だが、二人はここ何年も一度も会ってはいない。それどころかダーズリー夫人は、自分には妹などいないというふりをしている。なにしろ妹もそのろくでなしの夫も、ダーズリー家の家風とはまるっきり正反対の生き方をしていたからだ。

(b)The Dursleys shuddered to think what the neighbours would say if the Potters arrived in the street. The Dursleys knew that the Potters had a small son, too, but they had never even seen him. This boy was another good reason for keeping the Potters away; (c)they didn't want Dudley mixing with a child like that.	(b') ―ポッター一家が不意にこのあたりに現れたら近所の人たちはなんと言うか、それを考えただけでも身の毛がよだつ。 ポッター家にも小さな男の子がいることをダーズリー夫婦は知ってはいたが、ただの一度も会ったことがない。 (c') ―そんな子と、うちのダドリーがかかわり合いになるなんて……。 それもポッターたちを遠ざけている理由の一つだった。

まず場面Iにおける人称代名詞と時制といった文法的側面から考察する。原文では、最初に固有名詞 The Dursleys で導入された後、人称代名詞 they/their が用いられ、登場人物は3人称で、語り手視点から捉えられている。時制は一貫して過去形（一部、過去完了形（波線で表示））が用いられている。過去形は、まるで舞台を見る観客のように語り世界から距離を置き、世界を捉える語り手の視点を反映するのに対し、現在形は語りの世界の中の登場人物に移行した語り手の視点を反映する（山本2012: 83-84）。原文は、語り世界から距離を置いた語り手の視点から、登場人物やそれに関わる出来事を観察的に捉え / 描写しているといえる。

一方、訳文では、人称代名詞は使用されない。時制は過去形に現在形（下線）がかなりの割合で混じっており、ときに語り手が語りの世界に臨場している。現在形の用いられている部分の中でも、特に網掛け部分は、主語も完全にゼロ化され、ダーズリー夫婦の意識描出あるいは心内発話として、表現されている。[4]　語り手の視点はぴったりと登場人物視点に重ねられ、登場人物ダーズリー夫婦の視点から捉えられている。このように、3人称小説でありながら、ときに語り手が語り世界に臨場し、登場人物視点に移行している訳文と比較すると、原文は一貫して外からの語り手視点により、物語が観察的 / 客観的に描かれているといえる。

2.2 語り手による客観的描写 (2)―感情 / 気持ち / 欲求を表す述語

ここでは、場面Iの日本語訳文で登場人物の意識描出 / 心内発話として

描かれている (a')(b')(c')（網掛け部分で表示）とそれに対応する英語原文 (a)(b)(c) に焦点を当て、考察する。原文は、3 つの文ともダーズリー夫婦を指す They/The Dursleys という 3 人称の主語に、didn't think they could bear if.../shuddered to think.../didn't want... といった話し手の感情や気持ちを表す述部（shudder は、より正確には恐ろしさにより身震いするさま / 様態を表す述語）が用いられ、語り手が全知の立場からダーズリー夫婦の思いや感情を透過的に認識できるかのように客観的に描写している。[5]

一方、訳文では、すべて頭下げされ、―（ダッシュ）が用いられ、主語がゼロ化されており、ダーズリー夫婦の意識描出 / 心内発話として表現されている。(a') の「一巻の終わり（だ)」は「先の望みのまるでないことのたとえ」（精選版日本国語大辞典第 2 版）であり、話し手であるダーズリー夫婦の強い不安感が表現されている。[6] (b') の「身の毛がよだつ」も「恐ろしさのあまり、身の毛がさか立つように感じる」（大辞林第 3 版）という話し手の嫌悪の感情の表出である。(c') の「かかわり合いになるなんて ......」の「なんて」は「問題となっている事物・事態が基準を逸脱しているという評価を表す副助詞」（精選版日本国語大辞典第 2 版）が終助詞的に用いられ、これも「そんな子と、うちのダドリーがかかわり合いになるなんて、たまらない」といった話し手の嫌悪の表出として表されている。「～なんて」といった口語表現である言いさし文は、ダーズリー夫婦の心の嘆きとしてききとれ、もはや語り手の声はきこえてこないといってもよいかもしれない（言いさし文に関しては、白川 2009 などを参照)。これら 3 つの述語はどれも ((c') の場合「(～なんて、) たまらない」)、日本語など主観的把握に傾斜する言語に特徴的であるとされる主観述語と考えてよいであろう。ここで、主観述語について考えてみよう。

主観述語とは、(1) に示されるような認知主体 / 主語が 1 人称 / 話し手に限られる述語のことである（国立国語研究所 1972, 寺村 1982, 池上 2004)。

(1) a.（私は）嬉しい / 悲しい。
　b.?? あなたは嬉しい / 悲しい。
　c.?? 彼（女）は嬉しい / 悲しい。　　　　(以上、池上 2004: 2)

2人称・3人称主語は容認度が非常に低くなる。このように主観述語の主語が話し手に限られるのは、基本的には事態の現場で話し手の内面に瞬間的に生じた（分析されていない）気持ちや感覚を捉えた表現であるからであり、そのように沸き起こった感情や感覚は本来、話し手以外に知覚されようにないものなのであろう。ほかに「たまらない」「いやになる」「がまんできない」といった感情を表す表現、「欲しい」「〜たい」などの欲求を表す形容詞、「〜う」「〜よう」などの意図表現、「思う」などの思考動詞など、主観述語と思われる述語が日本語にはたくさんある（上原 2011 など）。

一方、対応する英語の感情を表す述語には人称制限がない。

(2) a. I am happy/ sad.
  b. You are happy/ sad.
  c. She is happy/ sad. （以上、池上 2004: 2）

2人称•3人称の主語も可能である。本多（2009: 406）は「英語の形容詞は、人間の人格や感情について述べる際にその人の内面に立ち入らず、表出という外部から観察可能なものを指すというかたちで3人称的に捉えて表現する」と述べている。客観的把握の傾向の強い英語では、感情や感覚であっても、認知主体の内面には注目せず、外から透過的に観察 / 認識可能なものとして捉える傾向にあるため、これらの述語に人称制限がなくなると考えられる。このことは、(3a) のように英語の述語が知覚動詞の補部に生起可能であることからも裏付けられよう。

(3) a. I never saw him {sad/ happy/ angry}.
  b. ＊私は彼が｛嬉しい / 悲しい / 楽しい｝のを見たことがない。
（以上、本多 2009: 406）

観察 / 知覚可能なもの、言わば、振る舞いとして捉えられる英語の述語は、知覚動詞補部に生起できる。一方、対応する日本語の主観述語は生起できない。日本語の主観述語は、その人の内面に生じた感情を捉えたものであるため、外から観察できないからである。ただし、日本語でも、「〜がっている」「〜そうだ」などの補助動詞をつければ、観察可能なものになり、生起可能になる。

(4) a. 私は彼が {嬉しがっている / 悲しがっている / 楽しがっている} のを見たことがない。
b. 私は彼が {嬉しそうな / 悲しそうな / 楽しそうな} のを見たことがない。 (以上、都築 2019: 22)

主観述語の存在の有無は、主観的把握傾向の強い日本語と客観的把握傾向の強い英語との違いが最も端的に表れているところだといえるだろう。

原文と訳文の話に戻るが、英語では、感情を表す述語であっても他者の感情を透過的に認識可能なものとして 3 人称的に捉えるため、語り手が登場人物の感情を観察的に描写することが可能になる。実際、原文 (a)(b)(c) では、登場人物の感情が、語り手の視点から客観的に描写されている。一方、日本語訳文 (a')(b')(c') では、話し手の感情の表出を表す主観述語が用いられ、それが登場人物の意識描出 / 心内発話として表現されている。[7]

2.3 語り手視点の維持―自由間接話法による描写

ここでは、英語の自由間接話法を中心に考察する。場面 II は、不思議な猫の登場に狼狽するダーズリー氏が描かれている。

場面 II

(p.8)	(p.8)
As Mr Dursley drove around the corner and up the road, he watched the cat in his mirror. It was now reading the sign that said Privet Drive – no, looking at the sign: cats couldn't read maps or signs. Mr Dursley gave himself a little shake and put the cat out of his mind.	角を曲がって広い通りに出ると、バックミラーに猫が映った。なんと、今度は「プリベット通り」と書かれた標識を読んでいる―いや、「見て」いるだけだ。ネコが地図やら標識やらを読めるはずがない。ダーズリー氏は体をブルッと震って気を取りなおし、猫のことを頭の中から振りはらった。

原文の網掛け部分は、自由間接話法が使われている。時制は過去時制が用いられ、語り手視点による捉え / 描き方がなされている。一方で、間接話法では生じる主節の伝達部分（He said to himself）がゼロ化され、さらに直示表現の now や間投詞的な no が、登場人物ダーズリー氏の心内発話として語られており、登場人物視点による捉えもある。語り手と登場人物、2 つの視点から語られているといえよう。対応する訳文は、主語がゼロ化され、現在時制が用いられているうえ、「なんと」「いや」などの間投詞が使用されるなど、ダーズリー氏の心内発話として訳出されている。視点は、完全に登場人物に重なり、語り手の声はもはやきこえてこないといえるだろう。

視点に関して、原文は、訳文のように語り手の視点が登場人物の視点に重ねられるというより、2 つの視点による 2 つの捉え方、すなわち登場人物の声と語り手の声という 2 つの異なる声が交わらないまま共存しているといった方がよいであろう。山口（2009: 113-123）では、自由間接話法は対話におけるエコーと本質的に同一のものであり、2 つの視点が絡み合うと論じられており、場面 II の自由間接話法部分について、下記のように述べている（括弧内は筆者が付加）。

> ここではダーズリーのこころのつぶやきが描出話法（自由間接話法）で提示される。このとき、少しあわてて自分の考えを訂正するダーズリーの声とともに、ダーズリーの慌てぶりをおもしろがって伝える語り手の声を感じ取ることができる。この小説でダーズリーは、不思議なことや想像力のなせる技を認めないあまりにも現実的な「敵役」であり、主人公を見守るファンタジー小説の語り手と読者からはもっともかけ離れた存在として特徴づけられている。常日ごろえらそうなふるまいをするダーズリーが次第に追い込まれていくのを見て読者は語り手とともにほくそえむ、というのがこの小説における笑いの仕掛けのひとつになっている。

自由間接話法の部分は、ダーズリー氏の声と、それをおもしろがって伝える語り手の声の二つの声が交わらないまま交錯しているのである。山口(2009)が論じているように、共感しづらい「敵役」の小市民的なダーズリー氏の声より、それを冷めた目で俯瞰的 / 分析的に捉える語り手の声の方に読み手はより共感することになるのかもしれない。一方、訳文では、ダーズリー氏の心の動揺の直接的表出として表現されており、その臨場的な心の動きを、読み手はともになぞるかのように味わうことになるのであろう。

ここでは、英語の自由間接話法を中心に考察した。自由間接話法という、登場人物の声がきき取れるような、最も臨場的な語り部分においても、語り手の俯瞰的 / 分析的な捉えが同時に表現されていることがわかった。[8]

3. 終わりに

登場人物視点と語り手視点の観点から、英語原文を日本語訳文と比較考察した。原文は、出来事の展開だけでなく、登場人物の感情や気持ちについても、全知の語り手の立場から、透過的に認識できるかのように客観的に捉え / 描写されていた。さらに自由間接話法のような最も臨場的な表現形式においても、常に客観的 / 俯瞰的 / 分析的な語り手の視点を別に維持する傾向がみられた。一方、訳文は、現在時制の使用、主語のゼロ化、主観述語の使用などにより、語り手が語り世界に臨場する傾向をもち、ときには、心内発話など、完全に登場人物の声で表現される場合もあった。原文は外の視点 / 語り手視点の維持を指向しているのに対し、訳文は内の視点 / 登場人物視点への重なりを指向しているといえる。

このような語りにおける視点の指向性の違いは、英語と日本語の事態把握の傾向の違いに帰されるであろう。[9] 客観的把握は事態の現場の外からの客観的 / 俯瞰的 / 分析的捉えであり、語りでは、語りの世界の外に位置する語り手の捉えに対応するのに対し、主観的把握は事態の現場における内側からの臨場的な捉えであり、語りでは、語り世界のなかの登場人物からの捉えに対応するからである。語りの視点には文学的にはさまざまな技巧が凝らされると思われるが、本稿で考察した英語原文と日本語訳文においては、その指向性は、英語らしさ / 日本語らしさといったそれぞれの言語の特性 — それぞれの言語の事態把握の傾向がそのまま表れる結果となった。

註

1 より正確には、主観的把握では、もともと話し手が問題の事態の外に身を置いている場合、問題の事態の中に身を置くように「自己投入」することが必要になり、一方、客観的把握では、問題の事態の中に身を置いている場合、事態の外に身を置くように「自己分裂」の過程を経ることが必要になる。「自己投入」「自己分裂」といった認知操作の概念については池上 (2004) を参照されたい。

また「主観性」「客観性」という用語は、本稿では、ここで定義された「主観的把握」「客観的把握」に関わる意味に限定して用いていく。

2 比較考察する日本語訳文として文庫版『ハリー・ポッターと賢者の石 1-I』（J.K. ローリング作 / 松岡佑子訳 2012 年 静山社）を用いた。巻末に「単行本（1999 年 12 月 静山社刊）を 2 分冊にした I です」とあるが、本訳文には、単行本の訳文と若干、異なる部分があることがわかった。

3 都築・郡 (2019) では、小説 *Emily of New Moon* の英語原文と日本語訳文の比較考察を行っているが、*Emily of New Moon* の訳文は、本稿で扱う訳文に比べると、感情を表す述語を語り手の視点で訳出するなど、より原文に忠実に訳出されており、英語の客観的把握の傾向をより反映している。

4 廣瀬・長谷川 (2010) では、小説における登場人物に関わる言語使用として (A) 意識描出、(B) 心内発話、(C) 会話の 3 種類があり、(A) より (B)、(B) より (C) の方が「公共性」が強くなり、日本語では、公共性の弱い心内発話の場合、意識描出と区別することが難しいと論じられている。本稿で扱う 1 章で、ダーズリー氏は自身を指すのに「わし」と「自分」の両方を使っており、前者を用いる部分は心内発話（心の中で聞き手を想定し、その聞き手に対して語りかけるもの）として、後者を用いる部分は意識描出（内的意識の描出）として分類されることになるであろう。ここでは、どちらも登場人物視点からの捉えであることにはかわりないため、これ以上、意識描出と心内発話の区別は論じることなく、論考を進めていく。

5 本多 (2005: 166) は「英語は全知の神のような立場から語りを展開する傾向が比較的強いのに対して、日本語は登場人物の立場から語りを展開する傾向が強い」と論じているが、ここでの考察はそれを裏付ける結果となっている。

6 以下、本文で「一巻の終わり（だ)」「身の毛がよだつ」などの述語は感情の表出を表す主観述語であると論じていくが、これらの表現は、主観述語の中でも、主に小説で用いられる主観述語であるといえるかもしれない。実際、われわれが日常で発する感情表出の表現は、「えっ」「たまらん ...」など、もっと言葉足らずな間投詞的な表現となるであろうが、小説では、そのような表現だけでは読み手に十分に伝わらないため、「一巻の終わり（だ)」など、より説明力の高い含みのある表現の使用、ときには説明的な言葉を加えるなどの必要があるのであろう。説明的という観点からは、語り手の介入ととることもできるかもしれない。これらの点については、今後の課題としたい。

7 先に論じたように、主観述語は話し手 / 一人称主語に限られるため、話し手の心内発話として表現せざるを得ないのではないかと思われるかもしれないが、実は小説など、非報告スタイルの「語り」においては、3 人称主語が許される（Kuroda 1973, 澤田 1993, 中村 2009, 上原 2011 など)。例えば、(b)(c) の原文は、それぞれ「ポッター一家が不意にこのあたりに現れたら近所の人たちはなんと言うか、夫婦はそれを考えただけでも<u>身の毛がよだった</u>。」「夫婦は、そんな子とダドリーがかかわり合いになって<u>ほしくなかった</u>」と 3 人称主語と主観述語（下線）で訳出することも可能である。このように訳出した場合、本訳文に比べ、語り手視点による、より客体的な描かれ方になる。ただし、英語原文に比べれば、主観述語の使用などにより、登場人物視点への重なりも感じられる、より主観的な描かれ方といえるであろう。

8 過去形が用いられ、語り世界から距離を置いた語り手視点による描写でありながら、語り手の感情表出と感じられるような主観的 / 臨場的な描写がされているところが 1 章の記述にある。(i) の下線部である。

(i) It couldn't affect them…

<u>How very wrong he was</u>. (p.12)

最初の文（網掛け）は、不思議な猫の登場など、様々な予兆に不安に駆られながらも、ハリーがやってきたのではないかという考えを「わしらにかぎって、かかわり合うことはない ...」と打ち消そうとするダーズリー氏の思いが、自由間接話法により表現されている。そのダーズリー氏をあざ笑うかのように、語り手は感嘆文で彼の考えが見込み違いだと述べている。

9 換言すれば、英語の語りにおける語り手視点の維持、すなわち二つの異なる視点の維持への指向性は、英語母語話者の「自己分裂」という操作への身の任せやすさに、日本語の語りの登場人物視点への重なりの指向性は、日本語母語話者の「自己投入」という操作への身の任せやすさに帰されるであろう。

参考文献

池上嘉彦 (2003)「言語における主観性と主観性の指標 (1)」山梨正明他（編）『認知言語学論考』3.　ひつじ書房 . 1-49.

池上嘉彦 (2004)「言語における主観性と主観性の指標 (2)」山梨正明他（編）『認知言語学論考』4.　ひつじ書房 . 1-60.

池上嘉彦 (2011)「日本語と主観性・主体性」澤田治美（編）『主観性と主体性』ひつじ書房 . 49-67.

上原聡 (2011)「主観性に関する言語の対照と類型」澤田治美（編）『主観性と主体性』ひつじ書房 . 69-91.

国立国語研究所 (1972)『形容詞の意味・用法の記述的研究』秀英出版 .

澤田治美 (1993)『視点と主観性 - 日英語助動詞の分析』ひつじ書房 .

白川博之 (2009)『「言いさし文」の研究』くろしお出版 .

都築雅子 (2019)「事態把握の主観性と言語表現」郡伸哉他（編）『語りの言語的 / 文学的分析』ひつじ書房 . 3-64.

都築雅子・郡伸哉 (2019)「モンゴメリー『エミリー』」郡伸哉他（編）『語りの言語的 / 文学的分析』ひつじ書房 . 169-196.

寺村秀夫 (1984)『日本語のシンタクスと意味 I』くろしお出版 .

廣瀬幸生・長谷川葉子 (2010)『日本語から見た日本人』開拓社 .

本多啓 (2005)『アフォーダンスの認知意味論 ― 生体心理学から見た文法現象』東

京大学出版会 .
本多啓 (2009)「他者理解における「内」と「外」」坪本篤郎他（編）『「内」と「外」の言語学』開拓社 . 395-422.
中村芳久 (2004)「主観性の言語学：主観性と文法構造・構文」中村芳久（編）『認知文法論 II』大修館書店 . 3-51.
中村芳久 (2009)「認知モードの射程」坪本篤郎他（編）『「内」と「外」の言語学』開拓社 . 35-393.
山口治彦 (2009)『明晰な引用、しなやかな引用』くろしお出版 .
山本雅子 (2112)「日本語における Evidentiality」『言語と文化』第 25 号 , 愛知大学語学教育研究室 . 77-89.
Kuroda, Shigeyuki (1973) Where Epistemology, Style, and Grammar Meet, In Stephen R. Anderson & Paul Kiparsky (eds.), *A Festschrift for Morris Halle*. New York: Holt, Rinehart and Winston. 377-391.

辞典

精選版　日本国語大辞典（小学館第 2 版）
大辞林　（三省堂第 3 版）

引用テキスト

Rowling, J.K. (1997) *Harry Potter and the Philosopher's Stone*. London: Bloomsbury Publishing.
J.K. ローリング (2012)『ハリー・ポッターと賢者の石 1-I』松岡佑子訳　静山社 .

英語の音を読む

豊田　昌倫

1. はじめに

ロンドンの地下鉄では、次のような警告文がドアの上に貼りつけられている。

(1) Obstructing the doors can be dangerous.

乗客は「ドア開閉の妨害は危険」の意味だと理解して、視線はすぐに広告や車内の光景に移ってゆく。

警告文の機能は当然ながら「意味」を伝達するものではあるが、しばらく目を止めていると、意外な事実に気づく。すなわち、文字の背後に潜む「音」に何か特徴があるのではないか、と。たしかに、読み直してみれば、*d*oor と *d*angerous の /d/ は同一音で頭韻を踏み、Obstru*c*ting の /k/ は *c*an の /k/ と呼応する。

母音については、*O*bstr*u*ct*i*ng では /ə…ʌ…ɪ/ と短母音(S と表記)が連続し、d*oor* と d*a*ngerous における強勢音節では、/ɔː/ /eɪ/ という長母音と二重母音(L と表記)が使用され、LSS のパターンが反復する。また、リズムについては、強弱弱調 [/ X X] (/ は強勢をもつ音節、X は強勢をもたない音節) が 3 回繰り返されている。音の特徴と文中の相互関係を示すと、次のようになる。

(1-1) X [/ X X] [/ X X] [/ X X]
S S S S [L S S] [L S S]
Obstru**c**ting the **d**oors **c**an be **d**angerous.

さらに、文頭の **Obstr**u**ct**ing では、子音束 /bstr…kt/ の連鎖が、「ドア開閉の妨害」音を思わせるかのように響き合う。

このように何気ない警告文からも、音の特質、とりわけ音素配列やリズムのパターンが浮かび上がってくる。これは偶然の結果というよりも、覚えやすく記憶にとどめるための工夫によるものであろう。

2. 音声モード

書き言葉の目的は、話し言葉とおなじく、コミュニケーションにある。新聞、雑誌、書籍、公文書、広告、さらには掲示や警告文などを考えてみればよい。ただ、この「コミュニケーション・モード」では、普通、気づかれない言語の側面もある。すなわち、書き言葉を読む場合でも、音声は意識の縁で常に微弱な信号を発しているにもかかわらず、上の (1) の例で見たように、読み手はほとんど気づくことはない。

次の例はどうだろうか。

(2) Smoking kills.

英国および EU 諸国で用いられているタバコの警告文である。2 語からなる簡潔な文で、「喫煙は殺す」は衝撃的なメッセージ。他動詞 kills の隠されている目的語は何か ––you、me、us、the air、the earth などでは、と読み手は自問自答することになる。

意味を中心とした日常の「コミュニケーション・モード」から、「音声モード」に切り替えて、意識を音声に集中してみよう。まず気づくのは、Smo**ki**ng と **ki**lls における /kɪ/ の反復である。英語の無声子音 /k/ は、気息音を伴う強く「硬い」音と考えられている。日本語の「殺す」も /k/ で始まるのは偶然の一致なのだろうか。また、文頭の /s/ と文末の /z/ は、同じ歯茎摩擦音の無声と有声の関係にある。さらに、実際の発音では、kills における /l/ の異音 [ʊ] が、Smoking における二重母音 [əʊ] 中の [ʊ] を呼び起こし、[əʊ] と [ɪʊ] が近似音となろう。

その結果、次に示すように、**Smoki**ng のゴシック体の箇所が、**kills** において変奏を伴って反復するのがわかる（直線は同一音、点線は近似音)。

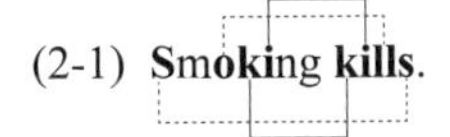
(2-1) **Smoking kills**.

一読するだけで印象に残るこの警告文は、単語、構造、意味、それに加えて音の特質が、意味を補強して強く印象に残るメッセージとなっている。

以下、小論では書き言葉に潜む音声の顕在化に焦点を合わせてみたい。

3. 語頭と語末の子音

まず、小説の書き出しを読んでみよう。

> (3) "*You do see, don't you, that she's got to be killed?*"
>
> The question floated out into the still night air, seemed to hang there a moment and then **d**rift away **d**own into the **d**arkness towards the **D**ead Sea. (Agatha Christie, *Appointment with Death*, ch.1)

Christie の名探偵 Hercule Poirot が、イェルサレムのホテルに滞在中、窓辺でふと耳にした会話の断片で、ミステリーの幕が上がる。

どのような音が「音声モード」に入った読者の注意を引くのだろう。"*got to be killed?*" で終わる付加疑問文が、夜の静かな大気に一瞬浮かび、流れていく方向は、(**d**rift →) **d**own → **d**arkness → **D**ead (Sea)。漂って、下方へ、暗闇へ、行きつく先はなんと「死」海。海上を漂って死にいたるのは、

> (4) I must ***drift*** across the *sea*,
>
> I must sink into the snow,
>
> I must ***die***. (Christina Rossetti, 'Wife to Husband', 4-6)

などでおなじみのモチーフである。そういえば、この書物の題名は *Appointment with* ***D****eath*（死との約束）。小説の冒頭で、早くも不吉な雰囲気を醸し出す一因は、反復する /d/ にもあるようだ。第 1 文において最初の強勢をもつ **do** は、一連の頭韻語を予告する前触れなのだろうか。

(3) の 3 行目では、頭韻がリズムの節点を形成する。強勢をもつ音節に挟まれた無強勢の音節数を示すと、

*d*rift - - *d*own - - - *d*ark - - - - *D*ead

となり、無強勢の音節数は 2→3→4 と漸増して、緊張感を高めるスピードアップ効果が認められよう。

話し言葉においては、語頭や語中に比べると、語末の子音は破裂の度合いが弱まる傾向にある。***d**ea**d*** や ***d**a**d*** など語頭と語末における 2 つの /d/ を比べてみるとよい。ただし、古典劇の上演では、語末に位置する子音、とりわけ /p/ /t/ /k/ の無声子音は、気息音を伴って明確に発音される。小説や詩のドラマティックな場面でも、乾いた無声破裂音は読者の耳を強く打つ。Emily Brontë による『嵐が丘』の 1 節で、反復する /k/ 音を読んでみよう。

(5)　Heathcliff stood near the entrance, in his shirt and trousers, with a candle dripping over his fingers, and his face as white as the wall behind him. The first **creak** of the oa**k** startled him li**k**e an ele**c**tri**c** sho**ck**: the light leaped from his hold to a distance of some feet, and his agitation was so extreme that he could hardly pick it up.

(Emily Brontë, *Wuthering Heights*, ch.3)

第 1 文では、語り手の目に映じる Heathcliff の姿が、簡潔な語と構造で活写されている。第 2 文での語りの対象は、視覚から聴覚へ移行する。文頭近くの擬音語 **creak** では、/k/ が語頭と語末に現われ、以下、oa**k**、li**k**e、ele**c**tri**c**、sho**ck** の語末および語中で集中的に繰り返される「硬い」/k/ の連鎖は、「かし（樫）」の「きしむ音」[1] が、暗闇の中、蝋燭を手にした Heathcliff に与えた衝撃 —— その強烈な衝撃の追体験を読者にも迫るかのようだ。

次に詩の例をひとつ。語末の無声子音が誘発する緊迫感を、Robert Browning の詩「ポーフィリアの恋人」の冒頭部から読み取ってみる。ここでは各行末の子音 /t/ と /k/ を意識化しておこう。

(6) The rain set early in to-nigh**t**,

The sullen wind was soon awa**ke**,

It tore the elm-tops down for spi**te**,

And did its worst to vex the la**ke**:

I listened with heart fit to brea**k**.

(Robert Browning, 'Porphyria's Lover', 1-5)

激しい嵐の夜。rain、sullen、tore、spite、vex、break などの語は、荒れ狂う自然の敵意を予兆する。行末では、すべて /t/ と /k/ が黒い鍵盤を連続してたたく。語末に位置する無声音は、先行の母音を「刈り込む」(2) ところから、to-n**i**ght、aw**a**ke、sp**i**te、l**a**ke、br**ea**k における脚韻語の二重母音/aɪ/ および /eɪ/ は短縮され、強い破裂音と短縮母音の相乗効果は、Porphyria が物言わぬヒロインとなる悲劇の序曲にふさわしい。

4. 子音の効果

(1) – (6) の例文では、とくに /d, k, t/ を取り上げてきたが、ここで英語の子音についてまとめておく。

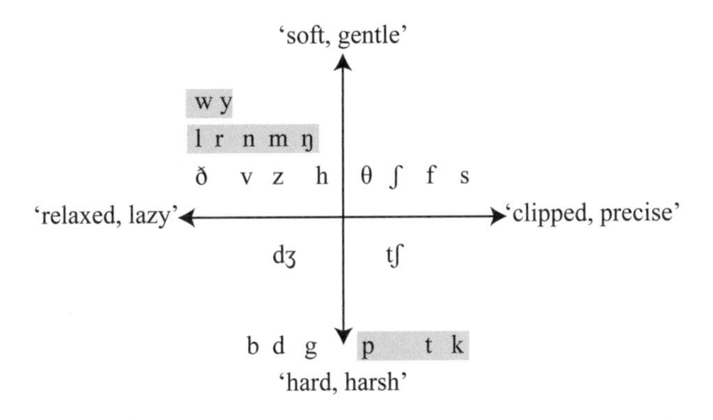

第 1 図 子音の「効果」(Roberts: 1986: 55 に基づく)

破裂音は横軸下方、左寄りの有声音 (/b, d, g/) と右寄りの無声音 (/p, t, k/)

に二分され、「硬度」という観点からは、有声音よりも無声音のほうが一段と高い。上図の下方最右翼に位置する /k/ および /t/ については、上掲 (2) (5) (6) で言及した。

これに対して、「ソフト」な効果をもつと目されるのは、上図の上方左よりに位置する接近音の /w, y, l, r/ および鼻音の /n, m, ŋ/ であり、いずれも通常は有声音として実現される。

Crystal (1995: 41) によれば、1980 年に英『サンデー・タイムズ』(*The Sunday Times*) が、「もっとも美しく響く語」('most beautiful sounding word') を読者に募ったところ、**melody** と ve**l**vet が同数で 1 位、以下 gossa**m**er、c**r**ysta**l**、autu**mn**、peace、t**r**a**n**qui**l**、t**w**i**l**ight、**m**ur**m**ur、ca**r**ess などの応募があったという。この調査は母語話者がもつ「意味」と「音」に関する言語意識の表出として、大いに参考になる。

では、広く人口に膾炙した Thomas Gray による「エレジー」の最初の 4 行を読んでみよう。

(7) The *c*urfew *t*o**ll**s the k**n**e**ll** of *p*arti**ng** day,
  The **l**owi**ng** herd **w**i**n**d s**l**ow**l**y o'er the **l**ea,
The p**l**ough**man** ho**mew**ard p**l**ods his **w**ea**r**y **w**ay,
  And **l**eaves the **w**or**l**d to dark**n**ess and to **m**e.

(Thomas Gray, 'Elegy Written in a Country Churchyard', 1-4)

1 行目では、無声破裂音 /k/ /t/ /p/ で始まる *c*urfew、*t*olls、*p*arting が、夕べの鐘を打ち鳴らす。しかし、たちまち語中および語末の /l/ および /ŋ/ が、すみやかな消音効果を発揮する。さらに、以下の行では、「ソフト」な効果が想定される第 1 図左上のすべての音が立ちのぼる。とりわけ、一般に使用頻度のきわめて低い接近音の /w/ (**w**ind、home**w**ard、**w**eary、**w**ay、**w**orld) が、2-4 行目では低弦による通奏低音のごとく詩行を支えている事実にも、読み手は気づくのではないか。

このエレジーは、寒村の墓地に佇む詩人の憂愁を歌った秀作である。ときに「催眠性」の詩と言われる理由として、展開される光景とともに、長母音や二重母音、有声子音の前で引き延ばされた母音、さらに接近音および鼻音の効果などをあげることができよう。

次に古典的英国小説の一節を例に取って、イングランドにおける夏の光景と音を読む楽しみを味わってみたい。

(8) It was **n**ow a p**l**easa**n**t eve**ning** in the **l**atter e**n**d of Ju**n**e, when our he**r**o was walki**ng** in a **m**ost de**l**icious g**r**ove, where the ge**n**t**l**e b**r**eezes fa**nning** the **l**eaves, together with the s**w**eet t**r**i**lling** of a **murmuring** st**r**ea**m**, and the **mel**odious **n**ote of **n**ighti**ng**a**l**es, for**m**ed **all** together the **m**ost e**n**cha**n**ti**ng** har**m**o**n**y. (Henry Fielding, *Tom Jones*, Book 5)

6月の下旬、夏の夕刻。緑の木立、木々の葉にそよぐ微風、小川が奏でる甘い調べとナイチンゲールの鳴き声。ロマン派の詩を思わせる風光と音色の調和。ゴシック体で示した「ソフト」な音を反芻してみよう。視覚と聴覚の「魅惑的なハーモニー」は、主人公のSophiaに対する想いと心からの満足感をも反映するかのようだ。

5. 共韻 (colliteration)

頭韻や脚韻など同一音の反復は、モチーフを強調し、反復される語に新たな価値を付加する表現法である。ただし、ときに平板なマンネリズムに陥る傾向も否定できないであろう。

反復をいわば隠し味とする表現法に、「共韻」(colliteration) ないし「隠れた頭韻」(*concealed* alliteration) がある。これらは Burke (1973[3]: 369-71) による用語であり、彼は次の図表を提案した。

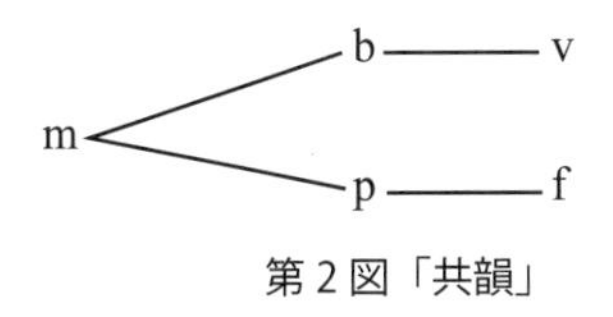

第2図「共韻」

/m/ は両唇鼻音、/p/ /b/ は両唇破裂音、/p/ /f/ は唇歯摩擦音であり、いずれも唇音という調音点に関する共通性をもつ。こうした「音声的近似関係」にもとづく「同族音」が共韻を形成する、と Burke は論考「韻文の音楽性について」(‘Musicality in Verse’) の中で述べている。[3]

文学作品から共韻の実例を引いておく。

(9) O pure of heart! thou need’st not ask of me
What this strong music in the soul may be!
What, and wherein, it doth exist,
This light, this glory, this *f*air lu**m**inous **m**ist,
This <u>b</u>eautiful and <u>b</u>eauty-**m**aking ***p***ower.

(Samuel Taylor Coleridge, ‘Dejection: An Ode’, 59-63)

62 行目では光り輝く /l/ が、light、glory、lu**m**inous と語中での位置を変えつつ反復する。lu**m**inous の /m/ は、60 行目における ‘**m**usic’ のエコーを響かせながら、行末では **m**ist の語頭に立ち、/f/ (*f*air) とともに次行、‘<u>b</u>eautiful and <u>b</u>eauty-**m**aking ***p***ower’ においては、‘*m* family’(Burke) の共韻ネットワークを形成する。このように、62 行目の頭韻から 63 行目の共韻まで、変奏を繰り返しながら「音楽性」を高めるとともに、最後の /p/ (***p***ower) をひときわ際立たせて、59 行目の /p/ (***p***ure) へと回帰する技法は、「音のエピキュリアン」Coleridge の面目躍如たる巧みな転調である。

続いて小説の例を引用しておこう。

(10) What she showed, he thought, she made a sound like a kettle on the hob: <u>b</u>ubbling, **m**urmuring, always <u>b</u>usy, her strong little ***p***ointed *f*ingers ***p***inching and ***p***oking; her needle *f*lashing straight.

(Virginia Woolf, *Mrs Dalloway*, p.145)

第 1 次大戦の前線から帰還した若者が、編み物をする妻を眺めて思いにふける箇所。「同族音」の /b/ /m/ /p/ /f/ が、リズムを刻みつつ同調し、故国での心なごむひとときが帰還兵の胸を打つ。

Burkeは上述論文の中で、同音反復の頭韻は「ありきたりで、幾分退屈にさえなりかねない」と述べている。ただ、Woolfにあっては、こうした「音楽性」は、特定の効果を求める修辞的なものではない。批評をも含めた彼女の散文にしばしば認められる共韻は、泉に水が湧き出るがごとく、ごく自然で偏在的、また内発的な文体特徴[(4)]といえよう。

文学以外でのジャンルでは、英『タイムズ』(*The Times*)の見出しから引いておく。

(11) ***P***olice to ***p***ay £ 1**m** <u>b</u>ill for *f*ailed ***p***rivate ***p***rosecution. (4 May 2019)

語頭に関しては /w/ (one) を除くすべての語が、頭韻に加えて /p/ /m/ /b/ /f/ の共韻関係を構成する。文頭と文末で /p…p/ が反復し、文中では '*m* family' の /m…b…f/ を配列する構造は、バランスの妙を見せて口調もよい。母音についてみると、総じて前舌高母音（/iː, ɪ/）へ収斂する傾向が認められる。しかし、核音節における後舌高母音 /uː/ の導入は、母音の質を大幅に変化させて、'prosecution' の音と意味を浮き彫りにする。言葉に対する鋭い感性こそ、ヘッドライン・エディターの重要な資質と目されるにちがいない。

6. おわりに

小論では「コミニュケーション・モード」の網目からこぼれ落ちる音の特性を、「音声モード」に切り替えて掬い上げてみた。もしもモードの切り替えによって、書き言葉に潜在する音声の一端を顕在化できるならば、対象となるテクストは、新たな光彩をおびてくるのではないか。

すでにふれたように、こうしたアプローチは、実用的な警告文や新聞の見出しにいたるまで、すべての書き言葉に広く妥当する。ただ、文学テクストに関しては、その彩りは一段と鮮やかに浮上する。米詩人のEmily Dickinson (1970 [c.1863]: 335) は、'Essential Oils are – wrung – / The Attar from the Rose / Be not expressed by Suns – alone – / It is the gift of Screws.' と持論を自らの詩において表明したことがある。'Essential Oils' は 'perfume'、'Screws'

は 'intellectual labour' を含意する。極上の薔薇油とは、骨身を削る労苦の「賜物」として生み出される詞華の比喩であろう。

珠玉のごとき文学作品にこめられた、書き手による渾身の営為に思いをいたすとき、「意味」を求めての正確な語釈のみならず、活字の背後に沈潜する「音」に対しても、読み手として細心の注意を払いたくなってくる。小説においては、とくに書き出し、および語り手や登場人物の感情が高揚する場面 (5) が、内なる耳を傾けるに値する。「音声モード」といっても、声を出して読む作業、音読は必ずしも必要ではあるまい。音への意識を掘り下げることによって、水面下におけるテクストの脈動が実感できるからだ。

註

(1) 歌人の塚本邦雄は、日本語の子音について、「か行硬く乾き、さ行清々しく身に沁み、た行高高ととどろき（塚本、1978: 260）[傍点筆者]」と述べている。

(2) Wells (2008[3]:155) の 'pre-fortis clipping' を参照。

(3) 有声子音と無声子音が頭韻を踏む例は、すでに 14 世紀の頭韻詩 *Sir Gawain and the Green Knight* でも用いられており、Tolkien & Gordon (1967[2]: 151) は、'A voiceless consonant is sometimes made to alliterate with the corresponding voiced consonant.' と述べている。

(4) 豊田 (2017: 14-15, 32-3) を参照。

(5) Toyota (2019: 45) では、'phonological repetition' を Michael Toolan による HEI (High Emotional Involvement) の新たな要因として提案した。

引用文献

Brontë, E. (2009[1847]) *Wuthering Heights*, ed. Jack. I., Oxford: Oxford U. P.

Browning, R. (2004[1834]) *Selected Poems*, ed. Karlin, D., London: Penguin.

Christie, A. (1960 [1938]) *Appointment with Death*, London: Fontana.

Coleridge, S. T. (2000[1802]) *The Major Works*, ed. Jackson, H. J., Oxford: Oxford U. P.

Dickinson, E. (1970[c.1863]) *The Complete Poems of Emily Dickinson,* ed. Johnson, T. H., London: Faber & Faber.

Fielding, H. (1998 [1749]) *Tom Jones*, ed. Bender, J., Oxford: Oxford U. P.

Gray, T. (1969 [1750) *The Poems of Thomas Gray, William Collins, Oliver Goldsmith*, ed. Lonsdale, R., London: Longmans.

Rossetti, C. (1914 [1861])*The Poetical Works of Christina Georgina Rossetti*, ed. Rossetti, W. M., London: Macmillan.

Woolf, V. (2009 [1925]) *Mrs Dalloway*, ed. Bradshaw, D., Oxford: Oxford U. P.

参考文献

Burke, K. (1973[3]) *The Philosophy of Literary Form: Studies in Symbolic Action*, Berkeley, Los Angeles & London: University of California Press.

Crystal, D. (1995) 'Phonaesthetically speaking', *English Today*, Vol. 11, No.2.

Roberts, P. D. (1986) *How Poetry Works: The Elements of English Poetry*, Harmondsworth: Penguin.

Tolkien, J. R. R. & Gordon, E. V. (eds.) (1967[2]) *Sir Gawain and the Green Knight*, Oxford: Clarendon.

豊田昌倫 (2017)「響きあう音、響きあう語 ―― Virginia Woolf, *Mrs Dalloway* をめぐって」『英米文学の扉』第 2 号、1-35。

Toyota, M. (2019) 'A Phonostylistic Study of *Confessions of an English Opium-Eater* by Thomas de Quincey'『近代英語研究』第 35 号、35-58。

塚本邦雄 (1978)『詞華美術館』東京、文藝春秋。

Wells, J. (2008[3]) *Longman Pronunciation Dictionary*, London: Pearson Education.

A Perfect Day for Bananafish のスタイル

松井　信義

はじめに

> He glanced at the girl lying asleep on one of the twin beds. Then he went over to one of the pieces of luggage, opened it, and from under a pile of shorts and undershirts he took out an Ortgies calibre 7.65 automatic. He released the magazine, looked at it, then reinserted it. He cocked the piece. Then he went over and sat down on the unoccupied twin bed, looked at the girl, aimed the pistol, and fired a bullet through his right temple. [18]

この一節は、サリンジャー（Jerome David Salinger）の短編 *A Perfect Day for Bananafish*（1948 年 1 月、週刊文芸誌 *The New Yorker* に発表）のまさに最後のくだりの部分で、兵役に服した後、精神的に不安定になり入院していた主人公シーモア（Seymour Glass）が、退院してフロリダのホテルで静養中、妻が眠るベッドのすぐ横で、自死に向け淡々と手際よく準備をし、寸分のためらいもなく事を遂行する場面である。当然のことながら、読者はあまりにも唐突で衝撃的な結末に度肝を抜かれるが、不思議とそこには一切の悲痛・悲愴・切迫感などはなく、自死という事の重大さよりむしろ彼にとって、その日は自らの命を絶つ “perfect day” だったのではないか、というある種の納得感のようなものが漂う。そしてシーモアの死に向かう一連の心象風景を察するに、心の内は “Not to be and not to be, that is unquestionable.” で、彼の自死は起こるべくして起こったと感じるのは何故だろうか。この小論において、サリンジャー独特の「プロットの組み立て」(plot construction)、また「発話奪取」(turn-stealing) そしてユーモラスな「比喩表現」(metaphor) や「誇張法」(hyperbole) などのレトリックからその理由を探ってみたい。

なお、この *A Perfect Day for Bananafish* のテキストは、*Nine Stories* by

J. D. Salinger (First Little, Brown and Company mass market paperback edition, May 1991) に収められているものを使用し、日本語訳は底本として野崎孝（1974）に負うところが大きい。また、引用英文の後の角括弧内の数字はテキストのページを表し、英文の下線は筆者による。

1. プロットの組み立て（Plot Construction）

短編 *A Perfect Day for Bananafish*（『バナナフィッシュにうってつけの日』）は、衝撃的な自死で幕を下ろす主人公シーモアのある一日が、4 部構成つまり起承転結のメリハリある巧緻なプロットの組み立てで描かれている：

起 — シーモアの妻ミュリエル（Muriel Glass）とミュリエルの母親との電話でのやり取りが中心で、metaphor や hyperbole などの巧妙なレトリックや双方の interruption による turn-stealing の激しい応酬が続く。シーモアの不可解な言動に対して、冷静な態度のミュリエルと悲観的な母親の思いは対照的である。

承 — 海辺に行く前、ホテルでシビル（Sybil Carpenter、5 才前後）が母親（Mrs. Carpenter）に日焼け止めのオイルを背中に塗ってもらう。わずか 20 数行のこの「承」の中で、“See more glass.” “Did you see more glass?” と唐突に母親に投げかける言葉は意味深長で、シーモアの自死に関係するいろいろな事象を連想させる。

転 — シビルは海辺で一人寝そべるシーモアのところへ行き、いきなり意味ありげに “Seymour Glass” ではなく “see more glass” と声をかける。そして打ち解けた二人はいるはずのない “bananafish” 探しに興じる。所謂「ナイーブ」（naïve）で純真な子供に全幅の信頼を寄せるシーモアは、ユーモアたっぷりに我を忘れてシビルと戯れる。

結 — シビルと別れた後、ホテルの自室に戻るエレベータの中で、乗って来た女性に前触れもなく “I see you’re looking at my feet.” と言いがかりをつける。女性は気分を害し途中で降りるが、この異常とも思える一連の言動が伏線だったのだろうか、その後シーモアの不可解な自死へとつながるこの一文は、文章技法として際立っている。

2. 発話奪取（Turn-Stealing）

物語は、精神異常の主人公シーモアに対して、楽観的な姿勢を見せる妻ミュリエルと極めて悲観的な見方の母親の電話でのやり取りから始まる。シーモアの言動に対して双方の思いにはかなりの温度差があり、それ故、二人の発話のやり取りは時に感情的になり、整然とした「発話交替」(turn-taking) というより「割り込み」(interruption) による「発話奪取」が随所に見られる。

その「発話奪取」について、Wales (1989: 468) は次のように述べている：

> Most conversation, to be coherent, is not naturally confused or confusing; it proceeds in an orderly way, by a series of interactional moves, with each participant having a turn to speak. However, in emotional conversation one speaker may interrupt another (turn-stealing); or, in a group discussion, two or more may speak simultaneously.

以下、「発話奪取」に絡んだ具体例をいくつか考察してみることにする：

(1) "I tried to get you last night and the night before. <u>The phone here's been—</u>"
"Are you all right, Muriel?"
The girl increased the angle between the receiver and her ear. "I'm fine. I'm hot. <u>This is the hottest day they've had in Florida in —</u>"
"Why haven't you called me? <u>I've been worried to —</u>"
"Mother, darling, don't yell at me. I can hear you beautifully," said the girl. "I called you twice last night. <u>Once just after —</u>"
"I *told* your father you'd probably call last night …" [4]

(2) "He drove? Muriel, you gave me your word of —"
"Mother," the girl interrupted, "I just told you. He drove very nicely. Under fifty the whole way, as a matter of fact." [5]

(3) "… Did Daddy get the car fixed, incidentally?"
"Not yet. They want four hundred dollars, just to —"
"Mother, Seymour *told* Daddy that he'd pay for it. There's no reason for—"
"Well, we'll see. How did he behave — in the car and all?" [5]

(4) "It isn't funny, Muriel. It isn't funny at all. It's horrible. It's *sad*, actually. When I think how —"
"Mother," the girl interrupted, "listen to me. You remember that book he sent me from Germany? …" [5]

(5) "Muriel, don't be fresh, please. We're very worried about you. Your father wanted to wire you *last night* to come home, as a matter of f—"
"I'm not coming home right now, Mother. So relax."
"Muriel. My word of honor. Dr. Sivetski said Seymour may com*pletely* lose contr—"
"I just got here, Mother. This is the first vacation I've had in years …" [7]

(6) "When I think of how you waited for that boy *all* through the war — I mean when you think of all those crazy little wives who —"
"Mother," said the girl, "we'd better hang up. Seymour may come in any minute." [9]

(1) ～ (6) はミュリエルと母親の電話でのやり取りの具体例で、「発話奪取」が実際のところ 20 数回出現している。そしていずれの場合も、途中で遮断する形で相手の発話に割り込んでいくのが特徴である。Wales（1989）も述べているように、やや感情的になっている双方にとって、秩序整然とした「発話交替」より相手の発話にかぶせるように割り込む「発話奪取」の方が、談話としては極めて自然な流れと言えそうである。

全般的に、より感情的な母親は、娘ミュリエルの発話を無視するかのように自分の思いを一方的にまくし立てる傾向にあり、それに対してやや冷静なミュリエルは、(1)(2)(3)(4) そして (6) にあるように、特徴的に "Mother, ..." という切り出しで「発話奪取」を行っている。しかしながら、やや感情的になる場面 (5) ではミュリエルは自分の気持ちを抑えきれず、"... as a matter of f—" や "... lose contr—" のように語の途中で割り込む場面があるが、工夫された子音止まりの表記に母親に対するミュリエルの苛立ちが現れている。

3. レトリック（Rhetoric）

3.1 比喩的表現（Metaphor）

悲惨な戦争を経験して精神的ダメージを負ったシーモアが、「外傷性ストレス障害」(post-traumatic stress disorder, 所謂 "PTSD"）を患い、今ある社会に適 応できないまま奇異なふるまいを続けその後自死に追いやられる、というような暗いストーリーには通常重苦しい空気が漂うはずである。しかしながら、そのような陰鬱な重苦しさは一切なくむしろある種のユーモアさえ感じるのは、事象の説明にストレートではなく極めて類似したものを借りて表現する「比喩」("metaphor" derived from Greek 'carry over' or 'transfer'）が、レトリックとして巧みに効果的に機能しているからである。以下、具体的に考察してみることにする：

(7) "All right, all right. He calls me <u>Miss Spiritual Tramp of 1948</u>," the girl said, and giggled. [5]

(8) • "<u>See more glass</u>," said Sybil Carpenter, who was staying at the hotel with her mother. "Did you <u>see more glass</u>?" [10]

• "Did you <u>see more glass</u>?" said Sybil.

Mrs. Carpenter sighed. "All right," she said ... [11]

・“Are you going in the water, see more glass?” she said. [11]

(9) “How that name comes up. Mixing memory and desire.” [13]

(10) Sybil looked at him. “That’s where I *live*,” she said impatiently. “I *live* in Whirly Wood, Connecticut.” [14]

(11)・*A Perfect Day for Bananafish* （作品のタイトル）
・“Oh, you mean after they eat so many bananas they can’t get out of the banana hole?” [16]
・“Well, they get banana fever. It’s a terrible disease.” [16]

(7) の “Miss Spiritual Tramp of 1948”（「1948 年度ミス精神的売春婦」）は、シーモアが妻ミュリエルに付けたあだ名で、女性を軽蔑した表現であるにもかかわらず、ミュリエルはそのことを真剣に受け止めないでくすくす笑っている。その情景を思い浮かべてみると滑稽で、シーモアの精神状態を真剣に心配する母親との温度差がよく分かる。

(8) の “see more glass”（「もっと鏡を見る」）の最初の 3 例は、シビルが母親に向かって何の脈絡もなく発する部分で、4 番目の例は、海辺で寝そべるシーモアに突然話しかける箇所で、全て 4 例とも間接的に主人公シーモア・グラスに自死を回避するよう内省を促しているのではないだろうか。そして 4 番目の “see more glass” は、“Seymour Glass” と「掛詞」(paronomasia) になっていて意味深長で奥深い何かを含意している、と考えられる。

(9) の “mixing memory and desire”（「記憶と欲望を混ぜ合わし」）は、T. S. エリオット（Thomas Stearns Eliot）の詩、*The Waste Land*（『荒地』）の冒頭の句、“The Burial of the Dead”（「死者の埋葬」）の一節で、死をテーマに第一次世界大戦後のヨーロッパの荒廃した精神的風土を象徴的にうたったものであるが、この一節をシーモアの自死に絡めて比喩として引用するサリンジャーの技法には実に素晴らしいものがある。

(10) の “Connecticut”（コネチカット州）は、アメリカが独立した当時の

13 州の一つで、当初から近代文明を牽引した富裕層の多くが暮らす州というイメージが強い。それ故、シビルの出身地として登場する“Connecticut” いう独特な響きは、戦地を経験し真逆の価値を「善」としてきた帰還兵のシーモアの心に、象徴的に何か訴えるものがあったのかもしれない。

(11) の作品のタイトル、*A Perfect Day for Bananafish*（『バナナフィッシュにうってつけの日』）の “bananas”（「単数形」ではなく「複数形」に注意）には、“insane or extremely silly (informal), ex. He's beginning to think I'm bananas.” の意味と、同時に「銃」（カラシニコフ（kalashnikov）— 旧ソ連の軍用自動小銃）の意味もあり、全体的に何かしら「精神異常」と「銃」に絡んだようなストーリーであることを暗示している。そして、シビルと海で夢中になる “bananafish”（「バナナフィッシュ」）、“banana hole”(「バナナ穴」)、“banana fever”（「バナナ熱」）など “banana” にまつわる一連の奇妙きてれつな出来事は、実は主人公シーモアの精神的に病んだ心の状態を投影していると言えるのではないだろうか。

3.2 誇張法（Hyperbole）

「インフォーマルな談話」(informal discourse) で用いられることの多い「誇張法」は, 発話内容を誇張して強める機能を有するのは言うまでもないが, 字義通りの解釈で聞き手をだます意図は全くなく，発話の強調に加えて「感情的（情緒的）強調」（emotive emphasis）（Quirk et al., 1985: 1414）として話し手の感情と関係があり、話し手の感情の激しさを含意したり，また言及されている事柄について関心の度合いを深める機能がある（Leech, 1983; Quirk et al., 1985; Wales, 1989）。加えて，談話の流れの中で,「誇張法」をユーモラスに用いることは，聞き手の注意を引くだけではなく，聞き手との「連帯意識や相互依存」（solidarity and mutuality）を強固にする働きもあり（Carter, 2004)、「誇張法」はレトリックとして多岐にわたり効果的に機能すると言える。さて、青年の自死という極めて悲劇的な結末で幕を閉じる物語にあって、「誇張法」は随所にコミカルに響き、全体的に緊張感漂う空気を和らげている感がある。以下、具体的に考察してみることにする：

(12) There were ninety-seven New York advertising men in the hotel, and, the way they were monopolizing the long-distance lines, the girl in 507 had to wait from noon till almost two-thirty to get her call through. [3]

(13) She looked as if her phone had been ringing continually ever since she had reached puberty. [3]

(14) "I've been worried to death about you. Why haven't you phoned? Are you all right?" [4]

(15) "He said that the poems happen to be written by *the only great poet of the century*. He said I should've bought a translation or something …" [6]

(16) "She had it on. And all hips. She kept asking me if Seymour's related to that Suzanne Glass that has that place on Madison Avenue …" [8]

(17) "Muriel, I'm only going to ask you once more—are you really all right?"
"Yes, Mother," said the girl. "For the ninetieth time."
"And you don't want to come home?"
"No, Mother." [9]

(18) "Where's the lady?" Sybil said.
"The lady?" the young man brushed some sand out of his thin hair. "That's hard to say, Sybil. She may be in any one of a thousand places. At the hair-dresser's. Having her hair dyed mink. Or making dolls for poor children, in her room." [12]

(19) "Well, they swim into a hole where there's a lot of bananas. They're very ordinary-looking fish when they swim in. But once they get in, they behave like pigs. Why, I've known some bananafish to swim into a

banana hole and eat as many as seventy-eight bananas." [15-16]

(20) "Saw what, my love?"

"A bananafish."

"My God, no!" said the young man. "Did he have any bananas in his mouth?"

"Yes," said Sybil. "Six."

The young man suddenly picked up one of Sybil's wet feet … [16-17]

(12) は、物語の正に冒頭の一節で、いきなり「ニューヨークの広告マン97人」が登場するが、特に、微妙に大きな具体的な数字「97」はとてもユーモラスに響く。また、現代社会で戦争とは無縁の「広告マン」のあくせく働く姿が、比喩として後段に出てくる "banana" を求めて、遮二無二 "banana hole" に入って行く架空の "bananafish" と重なるのは滑稽である。

(13) の「年頃になってからというもの、彼女の家の電話は鳴りづめだったといわんばかりに悠然としたものだ。」は、ミュリエルの何事にも微動だにしない落ち着いた態度を大げさに表現している。

(14) は、ミュリエルの母親が娘に連絡してこないのを咎めている場面であるが、"I've been worried to death about you." の "to death" は、何となくシーモアの自死を暗示しているように思われる。再度すぐ後に、"Why haven't you called me? I've been worried to —" と続くが、ミュリエルの「発話奪取」(turn-stealing) による "death" の遮断の部分が、巧妙に表記されている。

(15) では、シーモアが妻のミュリエルに詩を読むように勧めているが、その詩が「今世紀唯一の大詩人」によるものである、とは実に大げさである。

(16) は、ミュリエルと母親の電話でのたわいもない会話で、「あれをその人着てるのよ。それが全身これヒップといった感じの人なの…」と、起居を共にしながら別々のことを考えているミュリエルは、夫の自死が近づきつつあることに全く気付かず、そして気にも留めていない様子である。

(17) の「九十ペン聞かれても答えはおんなじ。」は、シーモアのことを心の底から心配している母親とは対照的に、もううんざり、といわんばかりに全く気にかけていないミュニエルの心情がよく表れている。

(18) の「いそうなとこは何千とあるんだ。」は、シーモアが子供のシビルに妻の居場所を聞かれたときの反応だが、百パーセント心を許すシビルと心置きなく戯れたいと願う彼の胸中がよく表れている。

(19)、(20) では、シーモアとシビルが、海で架空のバナナフィッシュを探して遊び興じる光景が目に浮かびそうである。「豚みたいに行儀が悪くなる。」、「バナナを七十八本も平らげた奴がいる。」、「ええ、六本。」と、双方が我を忘れて楽しそうに戯れている様子がひしひしと伝わってくる。

おわりに

ピーターセン（1990: 170）は、*A Perfect Day for Bananafish* は「表面的には暗いプロットであるが、実はチャームとユーモアに富むコメディー小説である。」と述べているが、その批評は実に言い得て妙である。確かに、主人公シーモアの自死で幕を閉じるという暗いプロットでありながら、考察してきたように、仕組まれた「様々な言葉の網にかかった」（*Caught in the Web of Words*, by E. Murray, 1977）「比喩表現」や「誇張法」を含むレトリック、またホテルや海辺での出来事そして情景描写などからそのような陰鬱さは全く感じられず、「チャームとユーモア」の形容は正にその通りである。しかしながら、フロリダの静養先のホテルの一室で、悲しいかな何も知らない‘同床異夢’状態の妻のすぐ隣で、周到に準備されていたかのように粛々と執り行われたシーモアの自死は、実はその日が彼にとって自らの命を絶つ “perfect day” だったとはいうものの、結末があまりにも衝撃的かつ不可解で、依然として謎に包まれたままである、と今更ながら感じる。

使用テキスト

Salinger, J. D. (1948) “A Perfect Day for Bananafish.” *Nine Stories* (by J. D. Salinger). First Little, Brown and Company mass market paperback edition, May 1991.

辞書

Collins COBUILD English Dictionary for Advanced Learners (3rd ed.). 2001.

Longman Dictionary of Contemporary English (6th ed.). 2014.

Oxford Advanced Learner's Dictionary (8th ed.). 2010.

Oxford Dictionary of English (2nd ed.). 2005.

The New Oxford American Dictionary (2nd ed.). 2005.

The Shorter Oxford English Dictionary (3rd ed.). 1973.

参考文献

Carter, R. (2004) *Language and Creativity*. London: Routledge.

Eliot, T.S. (1972) *The Waste Land and other poems*. Faber and Faber Ltd., London.

Leech, G. (1983) *The Principles of Pragmatics*. Essex: Longman Group UK Ltd.

松尾弌之（2009）『アメリカ 50 州の秘密』PHP 文庫.

Murray, E. (1977) *Caught in the Web of Words*. Yale University Press, Ltd., London.

野崎孝 訳（1974）『ナイン・ストーリーズ』J. D. サリンジャー , 新潮社.

マーク・ピーターセン（1990）『続日本人の英語』岩波書店.

Quirk, R. , S.Greenbaum, G.Leech, and J.Svartvik (1985) *A Comprehensive Grammar of the English Language*. Essex: Longman Group UK Ltd.

田島俊雄, 中島斉, 松本唯史（1968）『立体アメリカ文学』朝日出版社.

Wales, K. (1989) *A Dictionary of Stylistics*. Essex: Longman Group UK Ltd.

あとがき

2019年10月初めのある午後、本書の進捗状況について簡単に意見交換をしたあと、イギリスの俳優ベン・クリスタル氏率いる劇団シェイクスピア・アンサンブルの公演を、京都大学人間環境学研究科に見に行った。エリザベス朝当時の発音（Original Pronunciation）で、シェイクスピアの『マクベス』を上演するものであった。会場にはクリスタル氏来日に尽力された豊田昌倫先生を初めとして、現代英語談話会の他の会員の姿もあり、私たちはこれも談話会のひとつの関連行事であるかのような気持ちで、吹き抜けのロビーや階段を使って縦横無尽に展開される芝居に夢中になった。その前日には、同じく談話会会員である斎藤安以子さんが摂南大学でのシェイクスピア・アンサンブルの公演をサポートされていたことも、そうした気持ちを強めるものだった。

あらためて振り返ればこのようなことはこれまでにも何度もあった。現代英語談話会は、各自が「現代英語」に関する研究テーマを追究しながらも、他の会員のテーマ、仕事への理解を深める場として、また、今回の公演のように隣接領域への関心を共有する場として存続してきた。

3か月に1回の例会については、参加者全員が発表するといっても、A4一枚､10分間なので準備にかける時間はまちまちである。自分の場合は、執筆中の論文について力を入れて発表することもあれば、アイデア段階で頭出しすることもある。新しい研究が進んでおらず、既に活字にしたものの一部を切り貼りして許してもらったこともあった。それでもこの会のおかげで、子育てで思うように研究時間が確保できないときも、また、育児以上に手強いのが年々増加する学内業務だとわかったときも、研究する志を細く長くつなぎ、持ち続けることができた。現代英語談話会はそのような緩やかに結びついている知的コミュニティであり、居場所であった。それは多くの会員に共有された思いだと信じている。

さて、1996年に始まった現代英語談話会の例会が2020年12月に100回目を迎えるので、これを記念して何か論集を刊行してはどうかと会員有志が集まって話をしたのが2018年1月のことだった。編集委員を募り、執筆希望者からのテーマの提出、談話会例会での発表、原稿の提出、相互査読、最終稿の提出というプロセスを経て、15本の論考の掲載が決まった。編集委員会のなかでも山﨑のぞみさんが中心的にご尽力くださったことにお礼申し上げたい。

また本書の出版について、大阪教育図書株式会社横山哲彌社長と同社編集部の稲橋修二様に大変お世話になった。きずき・アヤハ様に談話会の雰囲気を映し出すようなカバーをデザインいただいたことにもお礼申し上げたい。出版事情の厳しい折にこうして本書の出版を可能にしてくださったことに、心から感謝申し上げたい。

2019年12月

山口 美知代

索引

【ア行】

【カ行】

【サ行】

【タ行】

【欧文】

執筆者一覧（掲載順）

＊編集委員

1. 山口美知代（京都府立大学教授）＊
2. 山本　晃司（天理大学講師）
3. 北原　賢一（駒澤大学准教授）
4. 滝沢　直宏（立命館大学教授）
5. 西脇　幸太（愛知文教大学講師）
6. 堀江淳之助（大阪国際大学名誉教授）
7. 山﨑のぞみ（関西外国語大学准教授）＊
8. 吉田　悦子（三重大学教授）＊
9. 石井　昌子（京都大学非常勤講師）
10. 魚住　香子（神戸国際大学教授）＊
11. 菊池　繁夫（元関西外国語大学教授）
12. 田淵　博文（元就実大学教授）＊
13. 都築　雅子（中京大学教授）
14. 豊田　昌倫（京都大学名誉教授）＊
15. 松井　信義（舞鶴工業高等専門学校名誉教授）

英語のエッセンス

2019年12月20日　初版第1刷発行

編　者	現代英語談話会　編
発行者	横山哲彌
印刷所	株式会社共和印刷
発行所	大阪教育図書株式会社 〒530-0055 大阪市北区野崎町1-25 TEL06-6361-5936　FAX06-6361-5819 振替　00940-1-115500

ISBN978-4-271-21063-4 C3098